THEOLOGISCH-PRAKTISCHE QUARTALSCHRIFT

168. Jahrgang 2020

Begründet 1848 (als Neubelebung der zwischen 1802 und 1821 erschienenen „Theologisch-praktischen Monathschrift")

Herausgeber: Die Professoren und Professorinnen der Fakultät für Theologie der Katholischen Privat-Universität Linz

REDAKTION:

Dr. theol. Ines Weber
Professorin der Kirchengeschichte

Mag. theol. Bernhard Kagerer
Redaktionsleiter

Dr. theol. Susanne Gillmayr-Bucher
Professorin am Institut für Bibelwissenschaften des Alten und Neuen Testaments

Dr. theol. Franz Hubmann
Emeritierter Professor am Institut für Bibelwissenschaften des Alten und Neuen Testaments

Dr. theol. Christian Spieß
Professor der Christlichen Sozialwissenschaften

Dr. theol. Andreas Telser
Assistenz-Professor am Institut für Fundamentaltheologie und Dogmatik

VERLAG FRIEDRICH PUSTET

Liebe Leserin, lieber Leser!

Ob als körperliches oder seelisches Leid, als Erfahrung der Selbstentfremdung oder der Sinnlosigkeit, Leid ist ein Grunddatum menschlicher Existenz, das klagend, verzweifelnd oder hoffend, in Auflehnung oder passiver Ergebenheit, alleine oder in Beziehungen zu anderen bewältigt werden will. Immer wieder stellten und stellen auch die Religionen die Frage nach dem Leid. Dabei sahen und sehen sie sich nicht nur vor der Aufgabe, Menschen Trost anzubieten, sondern ebenso waren und sind sie je neu gefordert, ihr Gottesbild mit der Erfahrung des Leids in Beziehung zu setzen. Zahlreiche weitere bedrängende Fragen erwuchsen und erwachsen daraus: Lässt sich Leid sinnvoll in menschliches Leben integrieren? Ist Trost möglich oder kann die Erfahrung von Leid möglicherweise sogar überwunden werden? Welche Antworten von den jeweiligen Religionen in der Vergangenheit und in der Gegenwart auf diese Fragen hin formuliert wurden und werden, das versuchen die Beiträge in diesem Heft beispielhaft aufzuzeigen.

Die Beobachtung, dass Leiderfahrungen für Jugendliche nicht mehr notwendig die Frage der Theodizee aufwerfen, wählt *Georg Langenhorst* in seinem Beitrag als Ausgangspunkt. Wie aber können sich junge Menschen heute mit der Frage nach dem Leid auseinandersetzen? Obwohl die Theodizee den Gottesglauben nicht mehr zu erschüttern scheint, bleibt dennoch die Frage nach dem Leid und der Möglichkeit des Trostes. Wie dieser gelingen kann, reflektiert der Beitrag am Beispiel des Buches Ijob. Darüber hinaus zeigt der Autor, welche Anregungen der Religionsunterricht für den Umgang mit Leiderfahrungen zur Verfügung stellen kann.

Klaus von Stoschs Beitrag wählt ebenfalls das Buch Ijob als Ausgangspunkt. Anhand dieser Figur werden drei mögliche Antworten auf die Leiderfahrung skizziert: Als Dulder nimmt Ijob alles – auch das Leid von Gott – in seinem Leben an und erträgt es im Vertrauen auf ihn. Als Rebell fordert er Gott heraus und will eine Erklärung für sein Geschick. Schließlich: Als Freund Gottes bemüht sich Ijob um die Integration der auf den ersten Blick unvereinbaren Gotteserfahrung. Wenngleich die Frage nach dem Warum des Leids letztlich nur von Gott beantwortet werden kann, seine tröstende Antwort und sein rettendes Handeln kann vorwegnehmend verwirklicht werden. Dazu habe Theologie anzustiften, nicht aber zur Erklärung des Leids und zur Beschwichtigung des Protests gegen Gott.

Marianne Grohmann stellt die biblischen Klagelieder in den Mittelpunkt ihrer Ausführungen zur alttestamentlichen Bild- und Sprachwelt zum Thema Leid. An zahlreichen Textbeispielen zeigt sie, wie individuelles und kollektives Leid dargestellt, ins Wort gefasst wird. Es wird deutlich, wie Menschen – um eine Antwort ringend – in ihrem Leid an sich selbst und an Gott zweifeln. Bemerkenswert dabei ist, dass sie Gott sowohl als Ursache ihres Leids als auch als Adressat ihrer Klage, ja als ihre einzige Hoffnung auf Rettung sehen können.

Wie sich die Erfahrung von Leid mit dem eigenen Gottesbild verbinden lässt, wird auch in der islamischen Tradition durch die Jahrhunderte hindurch reflektiert. *Darius Asghar-Zadeh* beginnt bei der Darstellung wichtiger traditioneller islamischer Umgangsformen mit Leiderfahrungen beim Koran, woraufhin er unterschiedliche Ansätze rationaler Glaubensverantwortung vom Mittelalter bis in die Gegenwart vorstellt. Bei allen Antworten steht ein vertrauendes Festhalten an Gott im Vordergrund, ohne jedoch die Problemreflexionen damit in Frage zu stellen.

Abseits der großen Religionsgemeinschaften finden sich in unserer Zeit zahlreiche andere religiös-spirituelle Deutungsangebote. Der Beitrag von *Anne Koch* wendet sich alternativen Religionsformen der Gegenwart zu und nimmt einen Ausschnitt des „regionalen spirituellen Dienstleistungsmarkts" in den Blick. An fünf Beispielen regionaler Anzeigemagazine aus Österreich und Bayern untersucht sie, ob und in welcher Form Leid als Thema aufgegriffen wird.

Dass Leiderfahrungen nicht nur ein gewichtiges Thema theologisch-spiritueller Reflexionen sind, sondern auch in der Kunst durch die Jahrhunderte hindurch zu den zentralen Themen zählen, zeigen die letzten beiden Beiträge dieses Hefts auf.

An Beispielen moderner Literatur präsentiert *Christoph Gellner* die vielfältigen Auseinandersetzungen mit Leid und Tod. Dabei reicht die Bandbreite, auf welch unterschiedliche Weise die Frage nach dem Sinn gestellt werden kann, von hoch emotionalen Schilderungen bis hin zu distanziert kühlen Reflexionen.

Der bildenden Kunst wendet sich *Johanna Schwanberg* zu. Sie veranschaulicht, wie sich die Sichtbarmachung des Leids – vom leidenden Menschen hin zur Wunde – verändert. Ebenfalls breite Ausgestaltung in der Kunst findet die theologische Deutung der Wunde Christi als Geburtsort der Kirche bei den Kirchenvätern. Außerhalb religiöser Deutungsmuster bleibt die Verletzbarkeit des Körpers bis in die Gegenwart in der Kunst präsent und regt so zur Auseinandersetzung mit dem Thema Leid an.

Der freie Beitrag von *Hildegard Wustmans* beschäftigt sich ebenfalls mit dem Thema Leid, nämlich dem durch Missbrauch verursachten Leid in der katholischen Kirche. Darin ergründet sie strukturelle Kontexte, die solchen Missbrauch ermöglichen. Ebenso sucht sie nach Möglichkeiten, den Opfern Verständnis und Anerkennung entgegenzubringen, um so zumindest eine Linderung ihres Leids zu ermöglichen.

Das vorliegende Heft wird durch zwei weitere Beiträge abgerundet. *Hermann Glettler* wendet sich dem Kulturauftrag der Kirche zu und argumentiert, Kirche habe nicht nur die Aufgabe, Kulturgut zu bewahren und zu erhalten, sondern ebenso Kultur zu prägen, Alltags- und Lebenskultur zu schaffen.

Florian Wegscheider schließlich stellt seine 2018 fertiggestellte Dissertation zu den Ursprüngen des Advents vor, denen er anhand verschiedener antiker Quellen nachgegangen ist.

Geschätzte Leserinnen und Leser!

Das Durchschreiten der verschiedenen Reflexions- und Antwortversuche zum Leid in Vergangenheit und Gegenwart macht eindrücklich sichtbar, wie wenig sich an der existenziellen Brisanz dieses Themas verändert hat. Zwar gibt es stets auf Neue Versuche, die Erfahrung des Leids zu erklären, zu verharmlosen, gar zu verschweigen, die damit einhergehenden Erschütterungen des eigenen Selbst-, Welt- und Gottesverständnisses jedoch brechen immer wieder durch. Im Rahmen aller Angebote zur Leidbewältigung kann es demnach nur darum gehen, wie Klaus von Stosch es festhält, ein (Über-)Leben mit der „offenen Wunde" dieser Frage zu ermöglichen.

Ihre
Susanne Gillmayr-Bucher
(für die Redaktion)

Einem Teil dieser Ausgabe liegen Prospekte des Verlags Friedrich Pustet und der Verlagsgemeinschaft Topos plus bei. Wir bitten um Beachtung!

Georg Langenhorst

Theodizee – eine überholte Fragestellung?

Religionspädagogische Beobachtungen
zu einer signifikanten Problemverschiebung

> ◆ Das Thema Leid ist heute längst nicht mehr so eng verknüpft mit der Theodizeefrage, wie dies noch in den 1970er- und 1980er-Jahren der Fall gewesen ist. Demnach schlägt unser Autor auch eine andere Herangehensweise an dieses Thema im Religionsunterricht vor. Eindrücklich führt er vor Augen, welche „Lernchancen" im Thema Leid stecken und wie Schülerinnen und Schüler in der Auseinandersetzung mit dem Buch Ijob einüben können, welche Trostgespräche scheitern müssen und welche warum gelingen. (Redaktion)

1 „… hatte sich die Frage gar nicht erst gestellt"?

Hinein in eine eindrückliche Romanszene: Ein 48-jähriger Neurochirurg wird am Fernsehbildschirm Zeuge davon, wie ein brennendes Flugzeug auf die Londoner City stürzt. Ein Schock! Aber einer, an den er als medial abgebrühter Katastrophenbezeuger gewohnt ist. Am Frühstückstisch sinniert er dennoch darüber nach, wie ihm, traditionell christlich erzogen, im Alter von 16 Jahren der von Eltern, Schule und Gesellschaft vermittelte Gottesglaube fraglich wurde. Ihm fällt ein, damals „wegen des Grubenunglücks von Aberfan geweint zu haben – einhundertsechzehn Schulkinder wie er selbst, die gleich nach der Morgenandacht, einen Tag vor den Herbstferien, unter einer Schlammlawine begraben wurden". Der Erzähler kommentiert die Gedanken des Protagonisten wie folgt: „Damals hatte er zum ersten Mal vermutet, dass es den von der Schuldirektorin so gepriesenen, kinderlieben Vater im Himmel gar nicht gab."[1]

Was der 1948 geborene englische Romancier *Ian McEwan* in seinem Roman „Saturday" (2005) beschreibt, gilt als ein klassisches Motiv religiöser Biografien. Der mehr oder weniger stark herausgebildete Kindheitsglaube gerät spätestens in der Jugend angesichts von Leiderfahrungen oder Leidbezeugungen in die Krise. Die Theodizee-Frage bricht auf. An ihr entscheidet sich die künftige weltanschauliche Ausrichtung: als trotzig-gläubig oder enttäuscht-atheistisch. Leid und das Ausbleiben der Hilfe des vermeintlich allmächtigen Gottes wird zum „Fels des Atheismus" (*Büchner*).

So ähnlich setzten die klassischen Abhandlungen zur Theodizee in den 1970er-Jahren an. Und manche setzen dieses Muster bis heute fort. Die Situation hat sich jedoch gewandelt. Drastisch. Wie geht die Romanszene des – vehement atheistischen – Autors weiter? Der 48-jährige Protagonist

---

[1] Ian McEwan, Saturday. Roman, Zürich 2005, 48.

vergleicht seine eigene Erfahrung mit der seines 18-jährigen Sohnes Theo und entdeckt gravierende Unterschiede: Gab es auch für seinen Sohn einen Einbruch des Gottesglaubens angesichts einer Krise, ausgelöst etwa durch das Terrorattentat auf das World Trade Center vom 11.9.2001, ein Ereignis, das man als „Theos Einführung ins internationale Zeitgeschehen" bezeichnen könne? Der Vater erkennt: „Für Theos unverhohlen gottlose Generation hatte sich diese Frage gar nicht erst gestellt. Niemand in seiner hellen, progressiven Spiegelglasschule hatte ihn je aufgefordert zu beten oder ein unbegreiflich frohlockendes Kirchenlied anzustimmen. Da gab es kein höheres Wesen anzuzweifeln."[2]

Die Erschütterung des Gottesglaubens, an die der Vater sich noch allzu gut erinnert, kann bei dem Sohn gar nicht auftauchen, weil es da nichts gibt, was erschüttert werden könnte. Der Weg zum Atheismus ist für eine „unverhohlen gottlose Generation" gar nicht erforderlich, weil dieser immer schon unreflektierte Voraussetzung der Weltdeutung war. Innerhalb einer Generation hat sich die Lage verschoben: Wo die Theodizee eines der existenziellen wie theologisch-philosophischen Hauptprobleme der Elterngeneration war, lebt die Kindergeneration in einer Weltsicht, in der schon die Voraussetzungen für diese Problematik von Vornherein fehlen. Folgt man McEwan, dann ist die Theodizee primär ein Phänomen von Menschen, die sich von einer kindlichen religiösen Prägung weiterentwickeln oder freikämpfen mussten. Für den größten Teil westlich geprägter Jugendlicher und junger Erwachsener heute ist eine grundlegende religiöse Indifferenz an die Stelle dieses Kampfes getreten. McEwans Romanfiguren weisen so nachdrücklich auf diesen hoch bedeutsamen Paradigmenwechsel hin.

Was der Roman gekonnt narrativ verdichtet, lässt sich auch im Blick auf soziologische und religionspädagogische Forschungen bestätigen: Die Theodizeefrage hat die ihr lange Zeit unterstellte zentrale *Bedeutung* für die Ausbildung eines jugendlichen und dann erwachsen-gereiften Gottesglaubens *verloren*. Die aktuellen Befunde sind eindeutig: Angesichts der fehlenden Verankerung in einem Gottesglauben kann die Theodizeeproblematik für die meisten Kinder, Jugendlichen und Erwachsenen nicht mehr zu dessen fundamentaler Erschütterung werden. Die Frage nach der Erklärung von und dem Umgang mit Leid gehört gleichwohl bleibend zu den menschlichen Urfragen. Nach wie vor fungiert sie als „Katalysator für die Entwicklung der Gottesfrage und des Gottesverständnisses"[3]. Die aufgezeigte Verschiebung der Gewichte zwingt jedoch dazu, den religionspädagogischen Stellenwert der Theodizee neu zu bestimmen. Der Fokus verschiebt sich vom unumgänglichen Versuch, Leid zu *ver*stehen hin zu Anregungen dahingehend, Leid *be*stehen zu können. Im Rahmen dieser Konzentration behält die Theodizee ihre – nun freilich veränderte – Bedeutung.

2 Theodizee – Einbruchstelle des Gottesglaubens?

Theodizee? Klar, das ist pädagogisch betrachtet die erste und wichtigste „Ein-

---

[2] Ebd., 48 f.
[3] *Eva-Maria Stögbauer-Elsner*, Theodizee, www.bibelwissenschaft.de/Stichwort/200651 (Februar 2019), [Abruf: 30.03.2019].

bruchstelle für den Verlust des Gottesglaubens"⁴, die „erste und wahrscheinlich größte Schwierigkeit in der Gottesbeziehung überhaupt"⁵. So zumindest lautete für Jahrzehnte eine Grundüberzeugung, stellvertretend und wirkmächtig verbalisiert im 1987 erschienenen Buch „Erwachsenwerden ohne Gott?" des Tübinger Religionspädagogen *Karl Ernst Nipkow*. Unaufgebbar scheinen doch die aus der Bibel sowie der philosophischen Gottheslehre geronnenen göttlichen Attribute als ‚gut', ‚gerecht', ‚(all-)mächtig'. Warum Gott aber dann so viel, so sinnloses, so unfassbares Leid bewirkt oder zulässt – an dieser Frage entscheide sich zentral, ob der Kindheitsglaube eine reife Fortsetzung in Jugend und Erwachsenenalter finden könne, so galt es lange Zeit.

Wie selbstverständlich waren schulische Unterrichtseinheiten zur Theodizeefrage seit den 1970er-Jahren deshalb explizit oder implizit als Prophylaxe gegen Glaubensverlust konzipiert. Die ehrliche, authentische und schonungslose Auseinandersetzung mit der Frage nach Gott angesichts von übergroßem und sinnlosem Leid zielte dabei vor allem auf eine kognitive Durchdringung: Wie lässt sich das biblische Gottesbild vor dem aufgeklärten menschlichen Verstand rechtfertigen angesichts von Naturkatastrophen wie Tsunamis oder Erdbeben, angesichts der nie endenden Kette von unvorstellbaren Grausamkeiten, die Menschen anderen Menschen antun, angesichts von absurden Leiderfahrungen im persönlichen Umfeld? Wie kann man weiter an Gott glauben angesichts solcher Bezeugungen und Erfahrungen? Die Grundkonzeption derartiger Unterrichtssequenzen sollte sich – nach weitgehender Übereinstimmung – dadurch auszeichnen, dass sie letztlich „die Theodizeefrage nicht entschärft oder still stellt, sondern offen- und auszuhalten sucht"⁶.

In einer umfassenden, schon fast 15 Jahre alten Untersuchung zur Thematik hat ein Team um den evangelischen Religionspädagogen *Werner H. Ritter* die Grundthese Nipkows unter den Perspektiven des 21. Jahrhunderts erneut beleuchtet. Es kommt aufgrund empirischer wie hermeneutischer Einsichten zu einem Ergebnis, das weitreichende konzeptionelle Konsequenzen nach sich zieht. Unter Berücksichtigung heutiger religiöser Sozialisationsbedingungen ist ein „Glaube an Gott, der die für das Virulentwerden der Theodizeefrage nötigen konstitutiven Momente aufweist, bei einer Mehrzahl der Schülerinnen und Schüler" so nicht (mehr) „vorhanden". Damit aber verliert sie die bis dato unhinterfragt vorausgesetzte Relevanz. Durchaus verständlich: „Die Theodizeefrage kann ja [...] nur aufbrechen, wenn das biblische – oder zumindest ein theistisches – Gottesverständnis bis zu einem gewissen Grad internalisiert ist."⁷ Da diese Grundlage entfällt, verschiebt sich auch die existenzielle Bedeutung der Fragestellung. Nüchterne Erkenntnis: Das Theodizee-Problem verfügt so „in ‚lebensweltlichen Normalsituationen' wahrscheinlich nur über eine re-

---

4   *Karl Ernst Nipkow*, Erwachsenwerden ohne Gott? Gotteserfahrung im Lebenslauf, Gütersloh 1987, 49.
5   Ebd., 56.
6   *Edith Verweyen-Hackmann / Bernd Weber*, Ein guter Gott, der leiden lässt? Materialien zur Bearbeitung der Theodizeefrage im Religionsunterricht der Sekundarstufe II, Kevelaer 2004, 12.
7   *Werner H. Ritter* u. a., Leid und Gott. Aus der Perspektive von Kindern und Jugendlichen, Göttingen 2006, 160 f.

lativ geringe Relevanz"⁸. Gott – so bestätigt es auch eine Nachfolgeuntersuchung – fällt „immer stärker als Adressat in der Leidfrage"⁹ aus.

In ihrer 2011 erschienenen Dissertation kann *Eva Maria Stögbauer* zeigen, dass man diesen Befund jedoch noch einmal ausdifferenzieren muss. Beim subjektiv zugeschriebenen „Stellenwert der Theodizeefrage" handle es sich „um eine ‚Typ-Sache'"¹⁰. Zwar kommt dem Problemzusammenhang in der Tat nicht mehr jene zuvor behauptete grundlegend-allgemeine Bedeutung zu, gleichwohl kann sie bei „Gottzweiflern" die vorgängige Skepsis bestätigen. Für „Bekenner und Sympathisanten" hingegen wird die Theodizee heute eher „zu einem Moment der religiösen Sinngebung", der den Glauben eher bestärkt als infrage stellt. Bei „Neutralen und Relativierern" hinterlässt das Problem auch nach intensiver Aufarbeitung kaum Spuren. Überhaupt tendieren die meisten Jugendlichen heute zu einer „Auflösung des Theodizeeproblems"¹¹.

Diese in der Tendenz eindeutigen und in der Differenzierung aufschlussreichen Befunde verlangen nach einer *grundlegenden Revision* bisheriger religionspädagogischer Reflexionen zur Theodizeeproblematik. Gewiss kann es dabei nicht darum gehen, dieses Thema als unwichtig oder als überholt zu deklarieren, dafür nimmt es in der theologischen und philosophischen Geistesgeschichte einen zu gewichtigen Platz ein. Nach wie vor geht es bei der Theodizee darum, ein Problem des Verstandes, ein Problem der Philosophie, eine kognitive Sphäre zu beleuchten und zu durchdringen, um einen intellektuell verantwortbaren Umgang damit zu ermöglichen. Es gilt aber die von *Katrin Bederna* formulierte Vorgabe: „Theodizee scheint für heutige Jugendliche in Deutschland argumentativ, aber nicht existentiell bedeutsam."¹²

Gleichwohl betrifft die Theodizeeproblematik *existenzielle* Grunderfahrungen und Grundfragen, die alle Heranwachsenden teilen. Neben das kognitiv ausgerichtete *Verstehen* tritt so das Durchdenken von praktischen Perspektiven des *Bestehens*. Bestehen schließt Prozesse des Verstehens ein, geht aber darüber hinaus. So konzipierte Lernprozesse schließen eben nicht – wie bislang vielfach üblich – mit einem kognitiv zentrierten Blick auf „‚Gott und das Leiden' mit dem Hauptaugenmerk auf der Hinführung zu einem tragfähigen Gottesbild"¹³. Dieser Block müsste sicherlich als zentraler Bestandteil aufgenommen werden. Grundziel wäre jedoch ein Block ‚Leben mit ungelösten Fragen – Chancen und

---

[8] *Herbert Rommel*, Mensch – Leid – Gott. Eine Einführung in die Theodizee-Frage und ihre Didaktik, Paderborn 2011, 38.

[9] *Julia Gebler / Ulrich Riegel*, „Ich wende mich an Eltern, Freunde, Opas, Omas, … und Gott". Eine explorativ-qualitative Studie zu den Theodizee-Konzepten von Kindern in der vierten Jahrgangsstufe, in: *Petra Freudenberger-Lötz / Ulrich Riegel* (Hg.), „Mir würde das auch gefallen, wenn er mir helfen würde". Baustelle Gottesbild im Kinder- und Jugendalter (Jahrbuch für Kindertheologie), Stuttgart 2011, 140–156, hier 154.

[10] *Eva Maria Stögbauer*, Die Frage nach Gott und dem Leid bei Jugendlichen wahrnehmen. Eine quantitativ-empirische Spurensuche, Bad Heilbrunn 2011, 300.

[11] Alle ebd., 300 f.

[12] *Katrin Bederna*, „für mich gibt's ihn halt, weil er kann nichts dafür". Kriterien einer Theodizeedidaktik, in: *Sabine Pemsel-Maier / Mirjam Schambeck* (Hg.), Keine Angst vor Inhalten! Systematisch-theologische Themen religionsdidaktisch erschießen, Freiburg i. Br.–Basel–Wien 2015, 111–129, hier 122.

[13] *Edith Verweyen-Hackmann / Bernd Weber*, Ein guter Gott, der leiden lässt? (s. Anm. 6), 20.

Grenzen von Trost'¹⁴. Existenziell-praktische Perspektiven müssten so über die kognitive Dimension hinausführen.

3 Von der Theodizee zum Trost

Sowohl für primär kognitive als auch für existenzielle Unterrichtsorientierungen legt sich die Beschäftigung mit dem Buch Ijob¹⁵ nahe, weil sich in ihm die intensivste, provokativste, bleibend herausfordernde biblische Auseinandersetzung mit der Frage nach dem Sinn von Leid findet. Ijob stellt die Theodizeefrage in aller Härte, verkörpert jedoch letztlich die Verweigerung einer Theodizee als Rechtfertigung Gottes vor dem imaginären Gerichtshof menschlicher Vernunft. Das biblische Buch fordert im Gegenteil den begründeten Verzicht auf eine solche Rechtfertigung und zeigt auf, wie man unter Voraussetzung dieses Verzichtes – *nach* intensivem Ringen – weiterleben kann. Das ist seine spezifische Provokation, gerade so ist es ein einzigartiges Trostbuch.

Von einer allzu großen Nähe heutiger Menschen zu diesem Ijob sollte man dabei nicht ausgehen. Er ist für die meisten weniger eine potenzielle Identitätsfigur, als vielmehr eine Figur, deren Sperrigkeit und Rätselhaftigkeit zur Auseinandersetzung reizen kann. Wie also können Lernprozesse mit Ijob¹⁶ im Spannungsfeld von Theodizee und Trost gestaltet werden? Was kann überhaupt mit dem so missverständlichen Begriff ‚Trost' gemeint sein, das nicht gleich als oberflächliche Vertröstung entlarvt und damit zurückgewiesen werden müsste? Es lohnt sich, das Ijobbuch unter dieser Perspektive neu zu lesen und didaktisch fruchtbar zu machen.

3.1 Ein scheiterndes Trostgespräch

Eine einzigartige Szene, *die* idealtypisch-fiktive Verwirklichung einer Tröstungssituation der Bibel schlechthin: Da sitzt ein Leidender im Staub, dem von heute auf morgen buchstäblich alles genommen worden ist – sein Besitz, seine Kinder, schließlich seine Gesundheit: Ijob, die sprichwörtliche Verkörperung des Leidens, der Archetyp des gottergebenen Dulders. Trost versucht sich Ijob in dieser Extremerfahrung zunächst selbst zu spenden. Er beruft sich auf eine spirituelle Tröstung mit Worten, die fortan zum internationalen Sprichwort geronnen sind, wieder und wieder in Sterbeanzeigen zitiert und in Grabsteine eingemeißelt werden: „Der Herr hat gegeben, der Herr hat genommen, gelobt sei der Name des Herrn!" (1,21) Und wie zur Bestätigung dieser bedingungslosen Unterwerfung unter Gottes allmächtigen, unergründlichen Willen fügt er als Erklärung seiner demütigen Annahme aller Schicksalsschläge an: „Nehmen wir das Gute an von Gott, sollen wir dann nicht auch das Böse annehmen?" (2,10)

Im ersten Moment scheint diese spirituelle Selbsttröstung tatsächlich zu ge-

---

[14] Vgl. dazu: *Georg Langenhorst*, Trösten lernen. Profil, Geschichte und Praxis von Trost als diakonischer Lehr- und Lehrprozess, Ostfildern 2000; *Irmgard Alkemeier / Marcus Hoffmann*, Trost und Schöpfung. Gen 1,1–2,4a. (EinFach Religion), Paderborn 2014.

[15] Vgl. dazu: *Georg Langenhorst* u. a., Hiob. EinFach Religion: Unterrichtsbausteine Klasse 5–13. (EinFach Religion), Paderborn 2019.

[16] Vgl. *Eva Jenny Korneck*, Das Buch Hiob als pädagogisches Konzept. Die Rede von Gottes Allmacht in religiösen Bildungsprozessen, Berlin 2014; *Günter Nagel*, Gott, Leid und Selbstfindung. (EinFach Religion), Paderborn 2015.

lingen, umso mehr, als sie nun von anderen Menschen mitgetragen wird. Seine drei Freunde, Bildad von Schuach, Elifas von Teman und Zofar von Naama, brechen auf, treten die weite Reise zu ihrem leidenden Freund an, „um ihm ihre Teilnahme zu bezeigen und um ihn zu *trösten*" (2,11). Doch was sehen sie? Jemanden, den sie zunächst fast nicht erkennen, so sehr haben die Schicksalsschläge ihn verändert. Der, den sie als angesehenen, reichen, glücklichen Weisen kannten, hockt schmerzgeplagt vor einer Ruinenlandschaft in einem Häuflein Asche, schabt seine Wunden mit einer Tonscherbe, letztes Relikt seines Hab und Guts. Gute Freunde und wohlwollende Tröster, die sie sind, reagieren sie auf diesen Anblick so, wie es ihnen die Trauertradition nahelegt: Sie schreien auf, weinen, zerreißen ihr Gewand, streuen sich Asche über die Häupter und bekunden so die tiefstmögliche Form von Mitleid. Ihr sprachloser Trost besteht im Mittragen, im Mitdasein, im Leidteilen. So sehr lassen sie sich auf diesen Trost ein, dass sie – entsprechend der ‚Schiwa', der traditionellen jüdischen Trauerwoche – „sieben Tage und sieben Nächte" bei Ijob sitzen, ohne ein Wort zu sprechen. Sie schweigen, weil sie erkennen, dass „sein Schmerz sehr groß" ist: so groß, dass jedes Wort hier falsch wäre.

Eine ideale Ausgangssituation also für eine gelingende Trostbegegnung! Und doch scheitert sie! Und doch wird das Verhalten der Freunde schließlich in aller Schärfe getadelt, ja: mit göttlicher Autorität zurechtgewiesen. Am Ende müssen sie sich von Gott sagen lassen: „Ihr habt nicht recht von mir geredet" (42,7)! Warum aber misslingt dieser Trostversuch? Was läuft falsch? Was lässt diese Begegnung scheitern, die doch so idealtypisch gut begann?

3.2 Vom Scheitern allgemeingültiger Trostsprüche

Die Trostbegegnung Ijobs und seiner Freunde scheitert in dem Moment, in dem aus schweigender Anteilnahme der Versuch eines Trost*gesprächs* wird. Dabei ist es Ijob selbst, der das Schweigen bricht und die Freunde damit zu einer Reaktion geradezu zwingt. Mit seiner Schicksalsverfluchung weist er alles zurück, was ihm selbst zuvor und seinen Freunden jetzt noch heilig und wahr ist. Als gute Tröster *müssen* sie reagieren, ein solcher Ausbruch verlangt nach Worten! Doch nach welchen? Und wie gesprochen? Elifas ist der mutigste der Freunde, er unterbricht Ijobs Klagefluss und eröffnet das Gespräch. Und wie vorsichtig er beginnt! „Versucht man ein Wort an dich, ist es dir lästig? Doch die Rede aufzuhalten, wer vermag es?" (4,1) Psychologisch durchaus geschickt versucht er zunächst, Ijob auf seine eigene, ehemals tragende Überzeugung und geistige Stärke hinzuweisen: „Sieh, viele hast du unterwiesen / und erschlaffte Hände stark gemacht! / Dem Strauchelnden halfen deine Worte auf, / wankenden Knien gabst du Halt. / Nun kommt es über dich, da gibst du auf, / nun fasst es dich an, da bist du verstört." (4,3–5)

Ijob erscheint hier als jemand, der früher selbst ein großer Tröster für andere war. Elifas ermuntert ihn dazu, den damals gespendeten Trost nun auch für sich selbst zu entdecken. Doch dann versucht Elifas, Ijob mit einer Weltsicht zu trösten, die Gott, Mensch, Schöpfungsordnung und damit auch Leiden *erklärt*. Trost soll hier also durch rationales Verstehen gespendet werden. Das Problem: Auf Ijob und seine Situation trifft das Erklärungsschema seiner Freunde, der ‚Tun-Ergehen-Zusammenhang', schlicht nicht zu. Ihr gut gemeinter (!) Trostversuch schlägt ins Gegenteil um. Was als Trostgespräch begann, ist zur harten Wortschlacht ausgeartet. „Ihr aber seid nur Lügentüncher, untaugliche Ärzte alle!" (13,4), hält Ijob ihnen entgegen. Zusammengefasst: „Ähnliches habe ich schon viel gehört; *leidige Tröster* seid ihr alle!" (16,2) „Wie wollt ihr mich mit Nichtigem trösten? Eure Antworten bleiben Betrug!" (21,34)

Lügentüncher, leidige Tröster, Betrüger – schärfer kann man Tröster nicht bloßstellen! Doch nicht genug damit: Ijob macht dann auch deutlich, *warum* seine vormaligen Freunde als Tröster versagen. Zwei harte Vorwürfe wirft er ihnen an die Köpfe. Erster Vorwurf: „Hört, hört doch auf mein Wort, das wäre mir schon Trost von euch." (21,2) Wirkliches Zuhören und Ernstnehmen dessen, was Ijob an Klagen vorbringt, das erwartet er. Echtes Zuhören wäre bereits Trost, doch gerade das können die Freunde anscheinend nicht. Sie fühlen sich vielmehr berufen, ihr Weltbild zu verteidigen und ihr eigenes Erklärungssystem Ijob überzustülpen. Damit verbunden der zweite Vorwurf: „So denkt, wer ohne Sorge ist, wer fest sich weiß, wenn Füße wanken" (12,6), hält Ijob ihnen entgegen. Ihre Weisheiten sind Erklärungen von Nicht-Betroffenen, und genau darum können sie nicht helfen: Die Sicht von außen trifft die Situation des Betroffenen nicht.

3.3 Gelingender Trost durch Gott

Diese zwei Vorwürfe wird man sich zu Herzen nehmen müssen, bei allem, was über Trost zu sagen sein wird. Denn nicht die so fromm ihren Gottesglauben verteidigenden Freunde, sondern Ijob wird am Ende des Buches bestätigt: Er, der aufbegehrende Rebell und Gotteslästerer hat recht geredet von Gott, nicht seine Freunde, die Bewahrer der damals geltenden theologischen Orthodoxie. Vor allem die beiden Vorwürfe, die Ijob selbst ihnen macht, werden dadurch bestätigt. Trösten kann scheitern an fehlendem Zuhören und Sich-in-den-anderen-Hineinversetzen, an unpassendem Beharren auf Erklärungsmustern, die nicht zutreffen, an der Position des objektiv Außenstehenden, der nicht zu dem subjektiv Betroffenen durchdringt.

Ijob aber wird nicht nur bestätigt, sondern dadurch eben auch wirklich getröstet. Er hatte erkannt, dass das Trostgespräch mit den Freunden gescheitert war, und sich protestierend-rebellierend direkt an Gott gewandt. Und Gott gibt ihm nicht nur eine Antwort auf seine Klagen, er spendet offensichtlich auch jenen Trost, den die Freunde nicht geben konnten. Und dies gleich dreifach:

– Dadurch, dass er Ijob an- und erhört und ihm antwortet, schafft er schon ersten Trost: *Trost durch Annehmen, Ernstnehmen und echtes Zuhören.*

– Indem er darüber hinaus Ijobs Klagen, ja: Anklagen nicht zurückweist, sondern als legitime Sprachformen des Leidenden in seinem Ringen mit Gott zulässt, räumt er diesen Sprachformen einen legitimen Platz ein: *Trost durch die Zulassung von Klage als vorbehaltlosem Aussprechen des Leides.*

– Trost spendet Gott im Ijobbuch aber drittens durch eine inhaltliche Zusage. Er lässt Ijob in seiner Antwort ja eine Art kosmisch-universale Schöpfungsrevue schauen, in der vor allem die dem Menschen unverständlichen oder gar feindlichen Elemente der Schöpfung beschworen werden. Diese Vision wird aber verbunden mit der Zusage, dass er, Gott, die Schöpfung gerade in ihrem scheinbaren Chaos bändigt und in den Händen hält. Das ist der dritte Trost im Ijobbuch: Gerade jenseits der Verstehbarkeit der Welt und des eigenen (Leid-)Schicksals steht die Zusage, dass Gott letztlich das scheinbar Absurde trägt. Nur weil er diese Zusage annimmt, zieht Ijob seine Klage zurück, fügt er sich unter Gottes neu und anders erkannte Schöpfungsordnung, wendet er sich dem Leben wieder vertrauensvoll zu. Drittens also: *Trost durch das Angebot, auf Gottes größere Weisheit und seinen letztlich guten Schöpfungsplan auch jenseits von Verstehbarkeit zu vertrauen.*

Ein scheiterndes Trostgespräch zwischen Freunden als Mahnmal falschen Tröster-Verhaltens; gelingender Trost in einer Gottesbegegnung: Diesen Spannungsbogen schlägt das Ijobbuch als biblischen Bogen hinein in unsere Fragestellung.

3.4 Trösten-Lernen in den Fußspuren Ijobs

Im Blick auf diese biblische Trostszene lassen sich einige zentrale Vorgaben für unterrichtliche Lernschritte gewinnen. Folgende Schritte legen sich nahe:

Erstes wichtiges Teilelement: Die *Vermeidung vorschneller Vertröstungen*, ja: das *Offenlegen von Vertröstungsmechanismen*. Solche Vertröstungsstrategien erwachsen oftmals eher aus Sprach- und Hilflosigkeit denn aus Oberflächlichkeit oder der versuchten Bevormundung und Besserwisserei. Schülerinnen und Schüler kennen einige derartiger Strategien aus ihrem Alltag und können sie selbst sehr genau durchschauen. Da wir uns alle solcher Floskeln oder Hilflosigkeitssprüche bedienen, lohnt sich die kurze Auflistung und Charakterisierung.

– Rückblickende Sprüche wie: „Ist doch alles nicht so schlimm"; „Keine Angst, daran ist noch keiner gestorben"; „Es hätte ja alles noch viel schlimmer ausgehen können" – also Versuche der oberflächlichen *rückblickenden Umwertung von Verlusten* ins weniger Negative.

– Imaginär vorausschauende Sprüche wie „Es ist doch vielleicht am besten so!"; „Es war doch das Beste für sie"; „Wer weiß, was ihm erspart geblieben ist" – also Versuche der *vorausblickenden Umwertung von Verlusten.*

– Vorgebliche *Verschwisterungen* durch Sprüche wie „Ich weiß, wie du dich fühlst", welche die Besonderheit der einmaligen Situation und die subjektive Erfahrung des Betroffenen nicht ernst nehmen.

– Allgemein gehaltene *Appelle an die Selbstheilungskräfte*, ausgedrückt etwa in den oft gehörten Sätzen: „Du musst dich jetzt zusammenreißen!", „Kopf hoch, alter Junge!", oder „Nimm das alles doch nicht so tragisch!", „Du musst jetzt nach vorn schauen!"

– Hoffnungsausblicke, verbunden mit Aussagen wie „Keine Angst, das kriegen wir schon wieder hin", oder „Pech gehabt, beim nächsten Mal hast du mehr Glück!", die man als Strategie der suggestiven *Umgestaltung von Realität* im Blick auf eine neue Chance deuten kann.

– *Verflüchtigungen ins Allgemeine*, die sich etwa in den Aussagen „Das kann doch jedem mal passieren", „Das haben wir doch alle schon einmal erlebt", oder christlich gewendet „Jeder hat halt sein Kreuz zu tragen" zeigen können.

– *Resignierende Verallgemeinerungen* im Blick auf Grundgegebenheiten des menschlichen Lebens, etwa durch Sprüche wie „Was soll es, hilft ja doch nichts!", oder „Da kann man halt nichts machen!"

– *Pauschale Zukunftsvertröstungen* ohne konkreten Anhalt und spezifischen Grund, enthalten in Aussagen wie „Keine Angst, das wird schon wieder", „Das Leben geht weiter", „Du wirst schon drüber hinweg kommen", oder „Du wirst schon sehen, die Zeit heilt alle Wunden!"

– Schließlich die bewusste *Verdrängungs-Empfehlung*: „Augen zu und durch" oder „Am besten einfach nicht mehr daran denken!"

Solche Alltags-Argumente mögen in den kleinen Niederlagen, Schmerzerfahrungen und Verlustgeschichten des Alltags durchaus hilfreiche Strategien sein. Für wirklich tiefe Leidbewältigung im Umgang mit schweren Krankheiten und Todeserfahrungen taugen sie nichts, schon deshalb, weil sie das Leiden nicht wahrhaben wollen, den Schmerz bagatellisieren und nicht aushalten können.

3.5 Wie man trösten kann

Deshalb zweiter Schritt: Das Bedenken *mitmenschlicher Trostmöglichkeiten*: Welche Formen von Trost helfen dabei, Leid ernst zu nehmen und ertragen zu helfen?

– Trost kann nur über *Beziehung* gelingen, deshalb steht das Herstellen einer vertrauensvollen Gesprächsbeziehung zunächst eindeutig im Vordergrund. Das schließt ein: Da-Sein, Zeit haben, Klagen zulassen, den Schmerz mittragen und wenn nötig schweigend aushalten.

– Trost kann außerdem darin liegen, die Warum-Frage des Leidenden ernstzunehmen und *Erklärungsmodelle* für vermeintlich unverständliches Leid gemeinsam anzudenken. Erklärtes Leid ist noch nicht bewältigtes Leid, schafft aber Voraussetzungen für eine solche Bewältigungsgeschichte. Solche Erklärungsmodelle können versuchen, Leiden als Dimension zu verstehen, die *mit* Gott erklärt werden kann, nicht dualistisch gegen ihn. Sie zu bedenken kann sinnvoll sein, wird aber oft in dem Eingeständnis der letztlichen Antwortlosigkeit münden.

– *Deshalb wird häufig versucht, das konkrete Leiden zu relativieren*, sei es im Blick auf einzelne andere Leidende, auf das Schicksal der Welt als ganzer, auf vergangenes Glück, zukünftige Chancen oder eine Kompensation im Jenseits. Relativierung heißt dabei stets Distanz, provokative Aufsprengung der Binnenschau hin zur Außenperspektive als erstem Schritt zur Bewältigung.

– Schließlich wird ein *Ende des Leidens*, eine realistisch mögliche und auf den ganz konkreten Fall hin durchdachte Besserung der Situation in Aussicht gestellt, sei es durch eigene Kraft, sei es durch direkt oder indirekt geäußertes Vertrauen auf Gott.

Ob solche erklärenden, relativierenden, Perspektiven aufzeigenden Trostversuche letztlich etwas bewirken oder gleichfalls als Vertröstungsversuche wahrgenommen werden, entscheidet sich allein im Einzelfall. Was einige als wirklichen Trost empfinden, wird von anderen als zynische Ablenkung empfunden. Getröstet sein ist letztlich eine Erfahrung, die jeder Einzelne für sich allein macht.

4 Von der Theodizee zum Trost: Lernchancen

Letztlich geht es so im Religionsunterricht darum, Anregungen für den eigenen Umgang mit Leiderfahrungen und Leidbezeugungen bereitzustellen. Unabhängig von der existenziellen Verankerung der Fragestellung können Menschen „diese als Widerspruchsproblem bedenken"[17]. Das reli-

---

[17] *Eva-Maria Stögbauer-Elsner*, Theodizee (s. Anm. 3).

gionspädagogische Ziel dieser Bedenkprozesse liegt dabei im reflektierten „Aufbau einer *subjektiven Theodizee*, die in der Lage ist, den Gottesglauben, auch im Angesicht von Leidsituationen, in seiner Sinnhaftigkeit zu plausibilisieren"[18].

Aber das ist nur die eine Seite. Zwar können religiös-inszenierte Lernprozesse tatsächlich kaum der Theodizeefrage „zu existentieller Bedeutsamkeit verhelfen"[19], wohl aber der zutiefst existenziell bedeutsamen Perspektive des Umgangs mit Trost. Der Blick auf die Möglichkeiten von Trost und Trösten verschiebt den klassischen Blick auf Theodizee in den Bereich der affektiven, kognitiven und pragmatischen Lebensdimensionen. Lernende können im Idealfall

– erkennen, dass sich das menschliche Leben grundsätzlich zwischen den Polen von Leid und Glück ausspannt;

– begreifen, dass aus gläubiger Sicht Leiderfahrungen nur mit Gott zusammen, nie gegen oder ohne ihn gedacht werden können;

– die Notwendigkeit und Berechtigung von Rückfragen an Gott und Mensch angesichts von Leid entdecken;

– Klagen als berechtigte, hilfreiche und biblisch breit belegte menschliche Form der Reaktion auf Leid kennen lernen;

– unterschiedliche menschliche Erklärungsstrategien für Existenz und Sinn von Leid durchdenken und überprüfen;

– erkennen und nachspüren, wie Menschen *mit* der Unlösbarkeit der Theodizeefrage an Gott glauben und ihr Leid durchtragen können;

– vorschnelle Vertröstungsmechanismen als Verharmlosung und Verfälschung durchschauen;

– tragfähiges Trostverhalten und stimmige Trostüberlegungen kennen lernen und selbst ausprobieren.

Trösten-lernen in religionspädagogisch geplanten Lernprozessen? Sicherlich kann es dabei immer nur um erste Anstöße gehen, um die Bereitstellung von Räumen, in denen menschliche Verhaltensweisen überdacht, in Distanz reflektiert und eingeübt werden können. Im Rahmen derartiger Lernprozesse wird die klassisch kognitiv zentrierte Theodizeefrage künftig ihre unbestrittene Bedeutung behalten, bei veränderten Ausgangsbedingungen der Lernenden jedoch eine neue Nachhaltigkeit erzielen.

Weiterführende Literatur:
Georg Langenhorst u. a., Hiob. EinFach Religion: Unterrichtsbausteine Klasse 5–13. (EinFach Religion), Paderborn 2019.
Herbert Rommel, Mensch – Leid – Gott. Eine Einführung in die Theodizee-Frage und ihre Didaktik, Paderborn 2011.
Eva-Maria Stögbauer-Elsner, Theodizee, www.bibelwissenschaft.de/Stichwort/200651 (Februar 2019), [Abruf: 24.11.2019].

Der Autor: *Prof. Dr. Georg Langenhorst ist Professor für Didaktik des Katholischen Religionsunterrichts/Religionspädagogik an der Katholisch-Theologischen Fakultät der Universität Augsburg.*

---

[18] *Herbert Rommel*, Mensch – Leid – Gott (s. Anm. 8), 217.
[19] *Katrin Bederna*, „für mich gibt's ihn halt, weil er kann nichts dafür" (s. Anm. 12), 124.

Klaus von Stosch

Antworten auf Leiderfahrungen im Buch Ijob

◆ Das Buch Ijob dient dem Autor, Professor für Systematische Theologie an der Kulturwissenschaftlichen Fakultät der Universität Paderborn, als Leitfaden, um drei mögliche Facetten des denkerisch-praktischen Umgangs mit Leid aus Sicht des gläubigen Menschen zu erläutern. Diese Facetten – dulden, rebellieren, mit Gott eine intime Freundschaft eingehen – skizzieren einen möglichen Weg *im* Leiden. Die Theologie sei gut beraten, so der Autor, nicht die Fehler von Ijobs Freunden zu wiederholen und einer möglichen freundschaftlichen Begegnung mit Gott im Wege zu stehen. Ermutigung hingegen stünde der Theologie gut an. (Redaktion)

Aus der Sicht moderner systematischer Theologie ist das Buch Ijob zweifellos das anregendste Buch der Bibel, wenn es darum geht, wie man als gläubiger Mensch mit Leiden umgehen sollte. Das Buch ist vor allem deswegen so bedeutsam, weil es sehr unterschiedliche, teilweise sogar widersprüchliche Antwortstrategien miteinander vereinigt. Ich will deswegen im Folgenden dieses Buch verwenden und drei seiner Antwortstrategien herausgreifen, um auf diese Weise deutlich zu machen, mit welcher Gottesvorstellung Menschen im Kontext abrahamitischer Religionen dem Leiden begegnen können.[1]

1 Ijob als Dulder

Die prominenteste und älteste Antwort, die theologisch aus der Tradition des Buches Ijob gewonnen werden kann, ist ein Deutungsstrang des Buches, der Ijob als Dulder porträtiert. Diese Tradition lässt sich prägnant in dem Wort Ijobs zusammenfassen, das dieser bereits im Prolog des Buches spricht und das seine erste Reaktion auf seine Leidenserfahrungen darstellt. So heißt es in Ijob 1,21: „Der Herr hat gegeben, der Herr hat genommen; gelobt sei der Name des Herrn."

Zu diesem Zeitpunkt weiß der Leser bzw. die Leserin bereits um die Wette Gottes mit dem Teufel (Ijob 1,6–12), die deutlich macht, dass Gott durch das Leiden Ijobs herausfinden will, ob seine Gottesverehrung „grundlos" erfolgt oder in irgendeiner Weise verzweckt werden kann (vgl. Ijob 1,9). Denn die Ausgangssituation des Buches Ijob ist ja die Idee eines Menschen, der in großer Gottesfurcht lebt und dem zugleich vor Beginn der Handlungen des Buches harte Schicksalsschläge erspart geblieben sind und der eben deshalb nicht weiß, aus welchen Gründen er sich Gott zuwendet. Die Wette Gottes scheint mir ihren tieferen Sinn jedenfalls nicht darin zu haben, dass der allwissende Gott sich

---

[1] Wenn ich hier von den abrahamitischen Religionen allgemein spreche, dann deshalb, weil das Buch Ijob natürlich auch für die jüdische Seite als zentrales Glaubensdokument zu sehen ist. Seit Navid Kermanis bahnbrechender Habilitation über den *Schrecken Gottes* (siehe unten) ist klar, dass die durch das Buch Ijob eröffnete Perspektive auch aus muslimischer Sicht eingenommen werden kann.

zu allererst über die Motive Ijobs informieren muss. Vielmehr scheint es mir darum zu gehen, dass Ijob selbst nicht sicher sein kann, warum er sein Leben in solcher Hingabe an Gott lebt. Denn sein Glaube hat ihm immer nur Vorteile gebracht; der Glaube macht sein Leben farbenfroh und gut, sodass sich schon für ihn selbst (und nicht erst für Gott) die Frage stellt, wie Ijob sich zu Gott stellt, wenn sich das Schicksal wendet und sein Glaube ihm keine Vorteile mehr bringt.

Die Antwort des Buch-Prologs ist eindeutig. So wie Ijob das Gute von Gott angenommen hat, so ist er jetzt auch bereit, die ihn ereilenden Schicksalsschläge zu akzeptieren. Interessant ist, dass er keinen Versuch macht, das Leiden in irgendeiner Weise zu bonisieren. Anders als später seine nicht sehr hilfreichen Freunde sieht er im Leiden keine Strafe für begangene Sünden (Ijob 4,7.17; 15,14; 22,5 f.) und auch keine Erziehungsmaßnahme Gottes. Er kennt weder die Wette Gottes mit dem Teufel noch kommt er auf die Idee – wie später sein vierter Freund Elihu –, im Leiden eine Art Prüfung zu sehen (Ijob 34,36) oder das Leiden gar als Weg zu Gott zu verklären (Ijob 36,15). Das Leiden bleibt ein Übel, das er weder sucht noch versteht. Aber er duldet und akzeptiert es, weil es zu seinem Leben gehört und er alles im Leben dankbar auf Gott zurückführt.

Interessant ist, dass diese einfache Formel über den Herrn, der gegeben und genommen hat, bis heute im rabbinischen Kontext bei Beerdigungen verwendet wird. Sie prägt auch das koranische Bild Ijobs (vgl. Q 38:44) und ist insofern ein gemeinsames Erbe aller abrahamitischen Religionen. In allen drei Religionen gibt es offenbar die Einstellung der Geduld und des Ertragens gegenüber dem Leiden. Die Überwindung liegt darin, dass es nicht von Gott isoliert wird, sondern in der Macht Gottes bleibt. Insofern Gott als Schöpfer eine gute und liebende Macht bleibt, kann auch das Leiden, das er zulässt, nicht aus seiner Macht herausfallen und darf im Vertrauen auf ihn ertragen werden.

Eine typische Legitimation einer solchen Haltung der Geduld und des Vertrauens lässt sich theologisch durch die sogenannte *free will defense* erreichen. Sie besteht darin, in dem Leiden eine Folge von Freiheitsverfehlungen des Menschen zu sehen.[2] In dieser Perspektive ist das Leiden der Preis menschlicher Willensfreiheit und wird von Gott um dieser Freiheit willen in Kauf genommen. Der Wert der Freiheit wiederum wird an dieser Stelle als so hoch angesehen, weil Freiheit die Voraussetzung ist, um Liebe und Kreativität zu denken. Eine solche Strategie hat den Vorteil, das Leiden nicht als sinnvoll ansehen zu müssen und es doch mit Gottes Existenz zusammendenken zu können. Denn Gott will in diesem Denken das Leiden nicht, sondern er will einfach nur die Liebe des Menschen und muss deshalb seine Freiheit akzeptieren. Wenn sich der Mensch dann in Freiheit dazu entschließt, Leiden zu verursachen, muss Gott das ertragen, weil er sich dazu bestimmt hat, allein mit Mitteln der Liebe um die Freiheit des Menschen zu werben. Die adäquate Antwort des glaubenden Menschen auf diesen geduldigen Gott ist die eigene geduldige Antwort auf die Abgründe des Lebens und die dunklen Seiten unseres Schicksals.

Die *free will defense* wird in der modernen Theologie auch gerne auf das durch die Naturgesetze verursachte Leiden ausgedehnt, weil wir dank der modernen Evo-

---

2   Vgl. hierzu einführend *Klaus von Stosch*, Theodizee, Paderborn ²2018, 87–111.

lutionstheorie ja wissen, dass der Mensch erst durch die Evolution hindurch zu einem Freiheitswesen geworden ist.³ Von daher kann man die durch die Evolution und die Naturgesetze verursachten Leiden der Kreaturen dadurch erklären, dass es die gleichen Gesetzmäßigkeiten sind, die das Leid erzeugen, die auch menschliches Leben und damit Freiheit ermöglichen. In dieser Perspektive kann man dann das Leiden nur dann ablehnen, wenn man auch das menschliche Leben nicht zu akzeptieren bereit ist. Entsprechend hält etwa Armin Kreiner fest: „Wenn aber die Existenz der Willensfreiheit für das Verständnis des Menschseins konstitutiv ist, weil ein Wesen ohne die Fähigkeit zur Willensfreiheit irgendein anderes Wesen, jedenfalls aber kein menschliches wäre, lässt sich die Schlüsselfrage nur aufgrund der Überzeugung verneinen, es wäre für Gott besser gewesen, aufgrund der Unmenschlichkeiten auf die Erschaffung der Menschheit zu verzichten."⁴ Will man diese Konsequenz nicht ziehen und also menschliche Willensfreiheit und menschliches Leben akzeptieren, so muss man auch die Folgen und Entstehungsbedingungen von Freiheit akzeptieren und damit das Leiden. „Der Herr hat gegeben, der Herr hat genommen, gelobt sei der Name des Herrn."

2 Ijob als Rebell

Doch das Buch Ijob bleibt nicht bei dieser Lösung stehen. Es stellt dem duldenden Ijob im Prolog einen zweifelnd-fragend-anklagenden Ijob im Dialogteil des Buches gegenüber. Ijob verflucht den Tag seiner Geburt (Ijob 3,1–3), verwirft alle Tröstungs- und Erklärungsstrategien seiner Freunde, wünscht sich den Tod (Ijob 7,15 f.) und beschwert sich bei Gott über sein Schicksal. Er fordert Gott heraus und will von ihm eine Erklärung für sein Schicksal haben (Ijob 31,35).

Spannend an der Komposition des Buches Ijob ist, dass die Freunde Ijobs am Ende von Gott ins Unrecht gesetzt werden und sich Gott mit dem fragenden und klagenden Ijob solidarisiert. Sein Zorn entbrennt deshalb gegen die Freunde Ijobs, weil sie anders als Ijob nicht recht von Gott geredet haben (Ijob 42,7). Damit ermutigt uns das Buch Ijob, unsere Klagen und Anklagen vor Gott zu bringen. Wir müssen nicht in Geduld immer schon alles verstehen, sondern wir dürfen unsere Fragen und unsere Verzweiflung Gott hinhalten und ihn um Antwort bitten. Nur in dieser Haltung der Auflehnung und des Protestes sprechen wir recht von Gott. Denn auch Gott will unser Leiden nicht – so könnte man in Fortführung der *free will defense* sagen, sondern er nimmt es nur um eines höheren Zweckes willen in Kauf. Dieses Verhalten ist fragwürdig und verlangt unseren Protest. Keine menschliche Erklärung, keine noch so schöne Theorie vermag Ijob mit Gott zu versöhnen. Er wird von Gott darin gerechtfertigt, allein in Gott seinen Trost zu suchen und nicht in irgendwelchen Theorien über ihn. Gott selbst soll die Antwort geben, und solange wir diese nicht wahrnehmen, dürfen wir, ja sollen wir klagen und nicht einfach nur dulden.

Dieser rebellische Ijob hat in der Moderne immer wieder Menschen innerhalb und außerhalb der Theologie elektrisiert

---

³ Vgl. ausführlicher zur hier nur angedeuteten *natural law defense* ebd., 56–69.
⁴ *Armin Kreiner*, Gott im Leid. Zur Stichhaltigkeit der Theodizee-Argumente (QD 168), Freiburg i. Br.–Basel–Wien 1997, 262.

und inspiriert. Immanuel Kant gilt Ijob als Prototyp einer praktisch-authentischen Theodizee[5], Ernst Bloch sieht hier gar eine atheistische Position vorbereitet[6], und die neuere Politische Theologie sieht in dieser Denkbewegung einen Paradigmenwechsel für die Theologie insgesamt eingeläutet. So fordert beispielsweise Johann Baptist Metz in prominenter Weise die Frage der Theodizee als zeitlich gespannte Rückfrage und Erwartung an Gott auszuarbeiten. Die Theodizeefrage sei „,die' eschatologische Frage, die Frage, auf welche die Theologie keine alles versöhnende Antwort ausarbeitet, sondern eine unablässige Rückfrage an Gott"[7]. Statt sich durch ein theologisches System in der Gegenwart einzurichten und sich mit der Leidensgeschichte der Welt zu arrangieren, gelte es der Theologie zumindest einen „Hauch von Unversöhntheit" und „eschatologische Unruhe" zu bewahren[8]. Nur so könne es der Theologie gelingen, ihren „augenfälligen Apathiegehalt" und ihre erstaunliche „Verblüffungsfestigkeit"[9] zu überwinden und in den „Kampf um die Geschichte als dem konstitutionell gefährdeten Ort theologischer Wahrheitsfindung und Wahrheitsbezeugung"[10] einzutreten. Nur wenn es gelinge, die gefährliche Geschichtslosigkeit der idealistischen Theologie in einem nach-idealistischen Denken zu überwinden[11], könne der Blick auf die Wirklichkeit Gottes und seines Verhältnisses zur Leidensgeschichte dieser Welt wieder frei werden.

Ziel sei dabei nicht die Lösung des Theodizeeproblems oder die Antwort auf die Frage nach dem „Warum" des Leidens. Diese Frage könne allein von Gott beantwortet werden[12] und sei unablässig an ihn zu stellen. Zugleich könne Gottes tröstende und rettende Antwort im eigenen Handeln bereits antizipativ verwirklicht werden. Zu einem solchen tröstenden und rettenden Handeln habe Theologie anzustiften, nicht zur Erklärung des Leidens und damit zur Beschwichtigung des Protestes gegen Gott.

Gemeinsam mit einer ganzen Reihe von anderen Theologen fordert Metz deshalb die Frage des „Warum?" durch die des „Wie lange noch?" zu ersetzen[13] bzw. jene

---

5   Vgl. *Immanuel Kant*, Über das Mißlingen aller philosophischen Versuche in der Theodizee, in: *Walter Sparn*, Leiden – Erfahrung und Denken. Materialien zum Theodizeeproblem (Theologische Bücherei 60), München 1980, 50–59, A 212f.
6   Vgl. *Ernst Bloch*, Atheismus im Christentum, Hamburg 1970, 106: „Ein Mensch kann besser sein, sich besser verhalten als Gott."
7   *Johann Baptist Metz*, Theologie als Theodizee?, in: *Willi Oelmüller* (Hg.), Theodizee – Gott vor Gericht? Mit Beiträgen von C.-F. Geyer u. a., München 1990, 103–118, hier 104.
8   Ebd., 105.
9   Beide Begriffe ebd., 103.
10 *Johann Baptist Metz*, Unterwegs zu einer nachidealistischen Theologie, in: *Johannes B. Bauer* (Hg.), Entwürfe der Theologie, Graz–Wien–Köln 1985, 209–233, hier 218.
11 Vgl. ebd., 209–233, *Johann Baptist Metz*, Glaube in Geschichte und Gesellschaft. Studien zu einer praktischen Fundamentaltheologie, Nachdr. der 4. Aufl. 1984 mit einem neuen Vorw. des Autors, Mainz ⁵1992, 152–164.
12 Vgl. *Hans-Gerd Janßen*, Dem Leiden widerstehen. Aufsätze zur Grundlegung einer praktischen Theodizee (Religion – Geschichte – Gesellschaft 7), Münster 1996, 103: „Die Behauptung des Glaubens, daß Gott wirklich der Retter ist, wird doch nicht dadurch bewahrheitet, daß man ihn als solchen begreift und das so Begriffene wie ein Netz über alles Geschehene wirft, sondern dadurch, daß er rettet und seine Rettung erfahren wird."
13 Vgl. *Johann Baptist Metz*, Theologie als Theodizee? (s. Anm. 7), 118: „Auch die christliche Theologie kann die Rückfrage Hiobs an Gott: ‚Wie lange noch?' nicht in einer beruhigenden Antwort

auf diese zurückzuführen. Die Theodizeefrage sei – so Jürgen Moltmann – als „die *offene Wunde des Lebens* in dieser Welt" auszubuchstabieren, und die Aufgabe des Glaubens und der Theologie bestehe darin, „das Überleben mit dieser offenen Wunde zu ermöglichen", nicht aber den Schmerz der Wunde zu lindern oder ihre Existenz zu leugnen. Denn: „Je mehr einer glaubt, desto tiefer empfindet er den Schmerz über das Leid in der Welt, und desto leidenschaftlicher fragt er nach Gott und der neuen Schöpfung"[14]. Diese Frage aber sei – so sind sich Metz und Moltmann einig – der eigentliche Kern der christlichen Rede von Gott und dürfe um keinen Preis eliminiert werden. Ihr Stellen sei gewissermaßen die Frömmigkeit der Theologie und ihr Offenhalten allemal besser als die narkotisierende Wirkung traditioneller Theodizeeversuche. Denn „es ist besser, zu sterben mit einer brennenden Frage auf dem Herzen, als mit einem nicht ganz ehrlichen Glauben: besser in der Agonie als in der Narkose."[15]

3 Ijob als intimer Freund Gottes

Doch so viel Raum die Rebellion im Buch Ijob auch erhält und so sehr sie von Gott selbst gerechtfertigt wird, sie ist nicht das letzte Wort des Buches. Am Ende stehen zwei Gottesreden, die Gottes Übermacht in Erinnerung rufen, aber auch seine Fürsorge und Nähe zum Menschen. Gott erscheint als Herr der Tiere und aller Kreaturen (Ijob 41,26), der sich um alle Details und Geheimnisse der Schöpfung sorgt. In der poetischen Kraft der Reden und der Schönheit des hebräischen Textes kommt zudem Gottes Herrlichkeit auch performativ zum Ausdruck. Und doch vermag die Wucht der Gottesreden nicht verständlich zu machen, warum Ijob am Ende aufatmen kann und sich sein Verhalten wendet. Entscheidend scheint mir an dieser Stelle zu sein, dass Ijob Gott direkt begegnet und die beiden Seiten des Gottesbildes zu integrieren vermag, die er vorher unverbunden nebeneinander stehen lassen musste.[16] Denn in seinen rebellischen Reden beschwert er sich zwar nachdrücklich bei Gott und macht ihn direkt für sein Leiden verantwortlich. Aber er weiß sich auch nicht anders gegen diesen ihn verfolgenden Gott zu helfen, als Gott gegen Gott anzurufen. Denn seine Freunde haben Ijob im Stich gelassen, und auch seine Frau verspottet ihn. Seine Kinder sind tot und niemand steht zu ihm. Er hat einfach niemanden mehr als Gott, der ihm gegen Gott helfen könnte.[17] Deshalb ruft er – wie ein

---

verstummen lassen. Auch die christliche Hoffnung bleibt einem apokalyptischen Gewissen verpflichtet."

[14] Alle drei Zitate *Jürgen Moltmann*, Trinität und Reich Gottes. Zur Gotteslehre, München 1980, 65.

[15] *Reinhold Schneider*, Das Schweigen der unendlichen Räume, in: ders., Pfeiler im Strom, Wiesbaden 1958, 234–242, hier 242.

[16] Vgl. zu den Gefahren einer Halbierung Gottes aus psychoanalytischer Sicht *Dieter Funke*, Der halbierte Gott. Die Folgen der Spaltung und die Sehnsucht nach Ganzheit, München 1993.

[17] Vgl. *Gustavo Gutiérrez*, Von Gott sprechen in Unrecht und Leid – Ijob. Aus dem Span. v. H. Goldstein (Fundamentaltheologische Studien 15), München–Mainz 1988, 99: „Fast könnte man sagen, Ijob praktiziere an Gott so etwas wie eine Entfaltung: in einen Richtergott und in einen Gott, der ihn in höchster Not verteidigt, in einen Gott, den er beinahe als Feind erfährt, in dem er aber zugleich und in Wahrheit auch einen Freund sieht. Gerade noch hat er Gott angeklagt, ihn zu verfolgen, zur gleichen Zeit weiß er aber auch, daß Gott gerecht ist und nicht will, daß jemand zu leiden habe. Zwei Gesichter ein und desselben Gottes."

Borderlinepatient – in letzter Verzweiflung immer wieder Gott gegen Gott an (Ijob 16,19; 19,25). Er schafft es nicht, die guten und abgründigen Seiten Gottes in *ein* Gottesbild zu integrieren, sondern lässt sie unverbunden nebeneinander stehen.

Eben diese Situation ändert sich erst im letzten Kapitel des Buches Ijob. Die Integration beider Seiten Gottes in Ijobs Gottesbild gelingt ihm zu allererst durch die persönliche Begegnung mit Gott (Ijob 42,5). An dieser Stelle wird durch die Metapher des „Schauens" Gottes „die intensivste Form der Begegnung mit der Gottheit" angedeutet, die dem biblischen Menschen möglich ist.[18] Es ist also die intime Verbundenheit mit Gott, die Ijob die Möglichkeit gibt, Gott in all seiner Herrlichkeit und den Abgründen seiner Schöpfung an sich heranzulassen.

Entsprechend dem Vorschlag von Rabbi Nissim Gaon sieht deshalb auch die jüdische Tradition die eigentlich überzeugende Antwort für Ijob in der Begegnung, dem „Schauen" Gottes.[19] Noch in Auschwitz findet sich immer wieder das Zeugnis von Überlebenden, die nur Gott selbst als Antwort auf die Katastrophe gelten lassen, die sie erleben müssen. Entsprechend formuliert Jehuda B., ein Überlebender von Auschwitz: „Die Antwort ist eine Gegenwart. So wie Hiob nicht eine Antwort auf seine Frage bekommt, sondern in den biblischen Sätzen: Gottes Gegenwart ist die Antwort. Und die Hoffnung, daß, von Zeit zu Zeit, wir eine Vorahnung von dieser Präsenz bekommen."[20]

Erst Gottes Gegenwart ist es also, die Ijob aufatmen lässt und sein Gottesbild verwandelt. Er hat jetzt keine Erklärung für das Leiden und kann keine gelehrten Reden über Gott halten. Aber er spürt das tiefste Geheimnis Gottes, das in seiner Gegenwart liegt, im Gottesnamen JHWH, in seinem „Ich bin da (für Dich)" – in all seiner Wucht und Macht, aber eben jetzt auch in seiner Intimität und Zärtlichkeit. Es ist sehr berührend, wie Navid Kermani zu zeigen vermag, wie sehr der Weg der Rebellion gegen das Leid und Gott als seinen Verursacher auch in der islamischen Tradition in die Mystik der Gottesnähe führen kann.[21] Ijob wird also am Ende – wieder in den Traditionen aller drei Religionen – vom Dulder zum innigen Freund Gottes. Offenkundig sieht die Bibel hier einen Weg des geistlichen Wachstums, der nur funktionieren kann, wenn wir nicht direkt versuchen, aus der Geduld in die Freundschaft zu finden. Als Zwischenschritt braucht es die Klage und Anklage. Wir müssen lernen, Gott als wirkmächtige Kraft in unserem Leben ernst zu nehmen und also auch mit ihm zu hadern, an ihm zu (ver)zweifeln. Erst durch diese Rebellion hindurch vermag Ijob, vermögen wir, aufzuatmen und Gottes Herrlichkeit an uns heranzulassen.

Offenkundig ist diese Antwort eine Antwort auf das Leiden, die nur in der di-

---

[18] Bernhard Lang, Theologie der Weisheitsliteratur, in: *Eugen Sitarz* (Hg.), Höre, Israel! Jahwe ist einzig. Bausteine für eine Theologie des Alten Testamentes (BiBa 5), Stuttgart-Kevelaer 1987, 221–238, hier 231.
[19] *Oliver Leaman*, Hiob und das Leid. Ursprung des Bösen, Leiden Gottes und Überwindung des Bösen im talmudischen und kabbalistischen Judentum. Aus dem Engl. v. L. di Blasi, in: *Peter Koslowski* (Hg.), Ursprung und Überwindung des Bösen und des Leidens in den Weltreligionen (Diskurs der Weltreligionen 2), München 2001, 103–128, hier 116.
[20] Jehuda B. zit. n. *Karl Fruchtmann*, Zeugen. Aussagen zum Mord an einem Volk, Köln 1982, 124.
[21] Vgl. *Navid Kermani*, Der Schrecken Gottes. Attar, Hiob und die metaphysische Revolte, München 2005.

alogischen Perspektive zwischen Gott und Mensch errungen werden kann. Eleonore Stump spricht in diesem Kontext von der franziskanischen Tradition der christlichen Theologie und macht den Gedanken stark, dass sich entscheidende Facetten der Frage nach dem Leiden nur in Narrationen und in der Du-Perspektive im Gespräch mit Gott erhellen.[22] Theologie darf hier nicht meinen, aus der neutralen Perspektive der dritten Person das Theodizeeproblem lösen zu können. Sonst wird sie allenfalls dazu ermutigen können, das Leiden auszuhalten. Vor allem aber steht sie so in der Gefahr, den Menschen von der Begegnung mit Gott abzuhalten, sich also gewissermaßen wie die Freunde Ijobs zwischen Gott und die Leidenden zu stellen und damit das Handwerk des Teufels zu tun.[23]

Die Aufgabe der Theologie kann es also nicht sein, aus einer distanzierenden Sicht das Leiden zu erklären. Vielmehr geht es darum, Wege auszuloten, auf denen sich diese Welt in all ihren Abgründen mit Gott zusammenhalten lässt. In allen Dingen und damit auch im Leiden eine Möglichkeit der Gottesbegegnung zu sehen und durch das Leiden hindurch zum Freund oder zur Freundin Gottes zu werden, lässt sich aber nicht in der Perspektive einer dritten Person legitimieren, sondern nur im Ringen mit Gott bezeugen. Erst die Gegenwart Gottes im Abgrund des Leids kann hier die theologische Perspektive weiten und verändern. Dadurch ist auf der abstrakten Ebene der dritten Person das Problem des Leidens nicht gelöst. Aber es ist ein Weg skizziert, wie selbst das Leiden in die Gegenwart Gottes führen kann.

Interessant am Buch Ijob ist, dass Ijob nach seiner Gottesschau in die Verant-

---

Weiterführende Literatur:
Navid Kermani, Der Schrecken Gottes. Attar, Hiob und die metaphysische Revolte, München 2005. Das Buch schildert in beeindruckender Weise, wie sich der persische Dichter Attar in die in diesem Artikel beschriebene klagend-anklagende Haltung des Buches Ijob einschreibt und so auch der muslimischen Tradition den Weg über den Rebell zum vertrauten Freund Gottes eröffnet.
Klaus von Stosch, Theodizee (UTB: Grundwissen Theologie), Paderborn u. a. ²2018. Das Buch gibt einen Überblick über verschiedene Antwortversuche auf die Frage nach der Vereinbarkeit von Gottesglaube und Leidensgeschichte in der modernen Theologie.
Elie Wiesel, Der Prozess von Schamgorod, Freiburg i. Br. 1987. In diesem Theaterstück macht ein jüdisches Dorf wegen der erlittenen Pogrome Gott den Prozess. Nur ein Fremder ist bereit, Gott zu verteidigen und bringt die Dorfbewohner schließlich von ihrer Anklage ab. Dieser Fremde erweist sich am Ende als der Teufel. Eine beeindruckende Anfrage an jede theoretische Theodizee.

---

[22] Vgl. *Eleonore Stump*, Wandering in darkness. Narrative and the problem of suffering, Oxford u. a. 2010, 75–78.
[23] Der Teufel, der *diabolos*, ist biblisch der Entzweier, also eine Macht, die uns von Gott wegzubringen versucht. In diesem Sinne wäre dann auch eine Theologie teuflisch, die meint, ohne Zwiesprache mit Gott das Problem des Leidens lösen zu können. Elie Wiesel war es, der in unnachahmlicher Weise vor Augen führt, dass es allein der Teufel ist, der Gott angesichts des Leidens in der Welt perfekt zu verteidigen vermag. Vgl. *Elie Wiesel*, Der Prozess von Schamgorod, Freiburg i. Br. 1987.

wortung genommen wird. Er soll für seine Freude beten (Ijob 42,8), also für die Menschen, die ihn gequält und von Gott weggeführt haben. Gott will diese unheile Situation nicht anders wiedergutmachen als durch den leidenden Menschen selbst. Ijob wird so vom leidenden Dulder über den protestierenden Rebell zu einem Menschen, der Gottes guten Willen in dieser Welt sichtbar macht und sie umzugestalten beginnt. Als Freund Gottes vermag er einzutreten für die Menschen, die ihm weh getan haben, und gewinnt so die Kraft für einen Neuanfang (Ijob 42,10–17). Dabei ist sicher nicht dieses märchenhafte Ende der entscheidende Trost des Buches Ijob. Vielmehr geht es darum, wie sehr Gott uns würdigt, unser Schicksal selbst zu verändern und wie sehr er uns seine Gegenwart anbietet, damit uns diese Veränderung gelingt.

Der Autor: *Klaus von Stosch, geb. 1971, ist Professor für Katholische Theologie (Systematische Theologie) und ihre Didaktik sowie Vorsitzender des Zentrums für Komparative Theologie und Kulturwissenschaften an der Universität Paderborn. Zu seinen jüngsten Veröffentlichungen zählen: Komparative Theologie als Wegweiser in der Welt der Religionen (²2020), Herausforderung Islam. Christliche Annäherungen (³2019), und Einführung in die Systematische Theologie (⁴2018).*

Für eine »radikale« Reform

Thomas Ruster
BALANCE OF POWERS
Für eine neue Gestalt des kirchlichen Amtes

Braucht eine zukunftsfähige Kirche nicht eine neue Gestalt des Amtes? Dem II. Vatikanum liegt die Lehre vom dreifachen Amt zugrunde. Thomas Ruster macht daraus ein Modell für eine neue Amtsstruktur. Die Leitidee: Heiligung, Leitung und Verkündigung werden auf verschiedene Personen aufgeteilt und auf Zeit vergeben.

232 S., kart., ISBN 978-3-7917-3099-8
€ (D) 22,– / € (A) 22,80 / auch als eBook

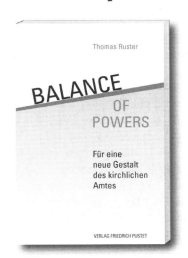

VERLAG FRIEDRICH PUSTET VERLAG-PUSTET.DE

Marianne Grohmann

Anthropologische und theologische Dimensionen des Leidens in den Klageliedern der Hebräischen Bibel

◆ Am Beispiel des Buches der Klagelieder, das die Situation der Zerstörung Jerusalems durch die Babylonier im Hintergrund hat, analysiert die Verfasserin, Professorin für atl. Bibelwissenschaft in Wien, wie und in welcher Bildsprache im Einzelnen von Leiderfahrungen darin die Rede ist. Anhand von klug ausgewählten Textbeispielen wird jenes Vokabular erhoben und erklärt, welches die körperlichen und seelischen Leiden ausdrückt. Im Anschluss daran stellt die Verfasserin die Frage, wie in diesen Zusammenhängen von Gott und seiner Rolle in diesen Situationen des Leides gesprochen wird. Dabei zeigt sich, dass Gott nicht nur als erbarmungsloser Verursacher, sondern gar als Feind erfahren wird, sodass nach den Ursachen gesucht werden muss. (Redaktion)

Im Buch der Klagelieder wird das Leiden an einem konkreten historischen Ereignis, der Zerstörung Jerusalems 587 v. Chr., in poetischer Form bearbeitet. Es ist ein kollektives und persönliches Leiden der Stadtbevölkerung, das aus unterschiedlichen Perspektiven beschrieben wird. Auch wenn das Leiden durch eine konkrete Situation ausgelöst worden ist, ist es gleichzeitig so paradigmatisch-allgemein formuliert, dass es ebenso für andere Leidenssituationen gilt. Wie in den Klageliedern des Psalters (z. B. Ps 22) wird Gott das Leid geklagt. Auch wenn er zum Teil als Verursacher des Leidens gesehen wird, ist er andernteils Adressat der Klage.

Im Folgenden sollen erstens Beispiele aus den Klageliedern vorgestellt werden, in denen Leiden als „psychosomatischer", also als körperlich-seelischer Vorgang beschrieben wird (anthropologische Dimensionen). Dann wird es zweitens um die theologischen Dimensionen des Leidens in diesen Texten und die in ihnen zum Ausdruck kommenden Gottesbilder gehen.

1 Anthropologische Dimensionen: Psychosomatik des Leidens

Auch wenn „Psychosomatik" ein moderner Begriff ist, kommt das, was er beschreibt, bereits in Texten des Alten Orients und der Hebräischen Bibel vor. Das altorientalische Menschenbild trennt nicht zwischen Seele und Körper, sondern es ist „holistisch", „pluralistisch"[1] oder psychosomatisch: Wenn Körperteile genannt werden, so sind ihre Funktionen, Emotionen, Handlungen und Beziehungen mit

---

[1] Vgl. *Ulrike Steinert*, Aspekte des Menschseins im Alten Mesopotamien. Eine Studie zu Person und Identität im 2. und 1. Jt. v. Chr. (Cuneiform Monographs 44), Leiden 2012, 121–131.

gemeint. Die körperliche oder vitale[2], die personale, die soziale und die transzendentale Dimension sind eng miteinander verbunden.[3] Über den Körper werden Beziehungen zu anderen Menschen und zu Gott hergestellt.[4] Die Mehrdimensionalität und „Ganzheitlichkeit" ist ein grundlegendes Charakteristikum der Auffassungen vom Menschen in der Hebräischen Bibel.[5] Der einzelne Mensch ist immer eingebunden in ein soziales Gefüge, personale und kollektive Identität sind miteinander verbunden.[6]

Diese „Ganzheitlichkeit" gilt auch für die Schilderungen von Leiden in den Klageliedern: Leiden wird sowohl in seiner physischen als auch in seiner psychischen Dimension beschrieben. Die Verschränkung von individuellen und kollektiven Aspekten des Leidens wird literarisch in einem Wechsel von unterschiedlichen Stimmen und Perspektiven ausgedrückt: Jerusalem spricht selbst als personifizierte Stadtfrau (Klgl 1), ein anonymer Mann in Klgl 3, sowie Einzel- und Wir-Stimmen bringen im Wechsel unterschiedlicher Perspektiven das persönliche und gleichzeitig gemeinschaftliche Leiden zum Ausdruck. Der einzelne Mensch ist sowohl als Individuum als auch als Teil der Bevölkerung der Stadt im Blick.

Die Titel für Jerusalem (Fürstin, Tochter Zion, Jungfrau Tochter Juda, die Stadt etc.) haben zum Teil Überschneidungen mit den unterschiedlichen Bevölkerungsgruppen der Stadt, die genannt werden: z. B. Jungfrauen und Jungfrau Tochter Zion, Mütter, die Ältesten, Priester, Säuglinge, Kleinkinder etc. Die Bevölkerungsgruppen decken alle sozialen Schichten und Altersstufen ab.[7] Nach Klgl 1 trifft die Not Jerusalem in Mark und Bein und darüber hinaus in ihrem ganzen Körper. Wie zahlreiche Klagepsalmen im Psalter (z. B. Ps 6) enthält dieses Lied viel Körpersprache: Jerusalem hat Wangen (V. 2), Knochen / Gebeine und Füße (V. 13), einen Hals (V. 14), Eingeweide / Inneres (V. 15.20), Augen (V. 16), eine Hand (V. 17), einen Bauch (V. 20), ein Herz (V. 20.22) und eine Kehle-Seele (V. 11.16.19). Die Feinde haben Kopf (V. 5) und Hand (V. 10), von Gott werden Mund (V. 17) und Hand (V. 14) erwähnt. Die Hand also ist in diesem Text jener Körperteil, der Gott, Feinden und Jerusalem gemeinsam ist.

Die personifizierte Stadtfrau Jerusalem spricht selbst, zum Teil in Form von an Gott (JHWH / Adonaj) gerichtete Gebete, wie z. B. in Klgl 1,20–22:

[20] Sieh, JHWH, dass mir eng ist. Mein Inneres glüht in Aufruhr.
Mein Herz dreht sich in meinem Inneren um, denn ich bin sehr in Aufruhr.

---

[2] Vgl. *Matthias Krieg*, Leiblichkeit im Alten Testament, in: *ders. / Hans Weder* (Hg.), Leiblichkeit, (Theologische Studien 128), Zürich 1983, 7–29; hier 15 ff.
[3] Vgl. z. B. *Bernd Janowski*, Konfliktgespräche mit Gott. Eine Anthropologie der Psalmen, Neukirchen-Vluyn ²2006, 1–13.44; *Dörte Bester*, Körperbilder in den Psalmen. Studien zu Psalm 22 und verwandten Texten (FAT II/24), Tübingen 2007, 264–269.
[4] Vgl. *Susanne Gillmayr-Bucher*, Body Images in the Psalms, in: Journal for the Study oft the Old Testament 28 (2004), 301–326; hier 305.
[5] Vgl. *Marianne Grohmann*, Diskontinuität und Kontinuität in alttestamentlichen Identitätskonzepten, in: *Markus Öhler* (Hg.), Religionsgemeinschaft und Identität. Prozesse jüdischer und christlicher Identitätsbildung im Rahmen der Antike (Biblisch-Theologische Studien 142), Neukirchen-Vluyn 2013, 17–42; hier 34–38.
[6] Vgl. *Bernd Janowski*, Anthropologie des Alten Testaments. Grundfragen – Kontexte – Themenfelder, Tübingen 2019, 30–32.
[7] Vgl. *Adele Berlin*, Lamentations. A Commentary (Old Testament Library), Louisville–London 2002, 13–15.

Draußen beraubt mich das Schwert der Kinder, im Haus ist es wie tot.
²¹ Sie haben gehört, dass ich seufze. Da ist keiner, der mich tröstet.
Alle meine Feinde haben von meinem Schlechten gehört.
Sie haben sich gefreut, dass du das getan hast.
Bringst du den Tag, den du ausgerufen hast, wird es ihnen ergehen wie mir.
²² All ihr Schlechtes soll vor dich kommen, dann verfahre mit ihnen,
wie du mit mir verfahren bist wegen all meiner Vergehen!
Denn zahlreich sind meine Seufzer, und mein Herz ist krank.⁸

In diesem Gebet der als Frau personifizierten Stadt Jerusalem werden Leid und Schmerz in ihren körperlichen und seelischen Dimensionen entfaltet. Das „Herz" – Zentrum des Menschen in einem sehr umfassenden Sinn: Sitz des Denkens, Fühlens, Wollens und Planens⁹ – bildet eine Klammer um diesen Abschnitt. Wie in vielen Klagepsalmen eines/r Einzelnen (vgl. z. B. Ps 6; 102) verdichtet sich hier die Notschilderung in Körpersprache. Emotionen, Vorgänge im Inneren des Menschen werden drastisch geschildert: Die „Enge" (wörtlich: „Eingeschnürtsein") beinhaltet sowohl räumliche Enge, Bedrängnis durch Feinde als auch ein Gefühl von Bedrängnis, Beklemmung und Angst. Das „Innere" meint einerseits die Eingeweide, die inneren Organe, und andererseits den Bauchraum als Sitz von Emotionen. Die Eingeweide sind „Seismographen des Gefühls."¹⁰

Mit der Enge und der bildlichen Schilderung „mein Inneres glüht in Aufruhr" wird ein sehr umfassendes Bild von Leid gezeichnet, in dem sich physische Aspekte nicht von psychischen trennen lassen.

Dass sich das Herz im Inneren umdreht, ist nicht nur ein Vorgang von innerlicher Aufruhr, sondern weist auch auf die Zerstörung der Stadt hin.¹¹ Diese Beschreibungen von inneren körperlichen und seelischen Zuständen stehen in unmittelbarer Korrelation zu Vorgängen im Außen: Die Bedrängnis durch die Feinde (V. 7) hat Konsequenzen im innerlich erfahrenen Zustand von Enge und Angst. Der Aufruhr im Inneren des Körpers hat ein Pendant im Gegensatz von „draußen" und „im Haus," bezogen auf die Stadt Jerusalem. „Draußen" oder „von außen" wütet das Schwert und „beraubt" die Menschen der Kinder / macht sie kinderlos, „im Haus" / im Inneren herrscht der Tod.

Am Schluss bleiben zahlreiche Seufzer und die Krankheit des Herzens. Seufzen und der Appell an Gott, hinzusehen, sind hier Ausdrucksformen des Leidens. Auch wenn die Notschilderungen stilisiert sind, sind konkrete, individuelle Erfahrungen in sie eingeflossen. Über die Vorstellung mehrerer konkreter Einzelschicksale wird das kollektive Leiden drastisch vor Augen geführt. Auch in Klgl 2,11–12 sind individuelles und gemeinschaftliches Leiden ineinander verschränkt:

¹¹ In Tränen sind meine Augen schwach geworden, mein Inneres glüht in Aufruhr,

---

⁸ Übersetzungen der Bibeltexte: MG.
⁹ Vgl. *Klaus Koenen*, Klagelieder (Threni) (Biblischer Kommentar zum Alten Testament 20), Neukirchen-Vluyn 2014–2015, 86–87; *Bernd Janowski*, Anthropologie des Alten Testaments (s. Anm. 6), 148–155.
¹⁰ *Silvia Schroer/Thomas Staubli*, Die Körpersymbolik der Bibel, Gütersloh ²2005, 55.
¹¹ Vgl. *Klaus Koenen*, Klagelieder (s. Anm. 9), 87.

meine Leber hat sich auf die Erde ergossen (*špk*)
wegen des Zusammenbruchs der Tochter meines Volks,
während Kind und Säugling auf den Straßen der Stadt verschmachten.
¹² Zu ihren Müttern sagen sie: Wo sind Getreide und Wein?,
während sie wie Verwundete verschmachten in den Straßen der Stadt,
während sich ihr Leben (*næpæš*) in den Schoß ihrer Mütter ergießt (*špk*).

In Klgl 2,11 spricht ein Erzähler oder Klagender in Ich-Form über Jerusalem, das er mit „Tochter meines Volkes" anspricht. Auch hier verdichtet sich in der Schilderung des Leidens die Körpersprache. In der Innen-Außen-Relation werden sowohl innere als auch äußere Vorgänge geschildert. Im Inneren, in den Eingeweiden, ist glühender Aufruhr, die Leber ergießt sich zur Erde. Wie lassen sich diese Sprachbilder erklären?

Das „Schwach-Werden" oder Verenden der Augen, das sich auch in der Psalmensprache findet (z. B. Ps 69,4), ist ein Bild für den Tod.¹² Das Innere, das „in Aufruhr glüht" und die Leber, die sich „auf die Erde ergossen hat," sind Sprachbilder für das Wechselspiel von Innen und Außen. Die Körperteile „Auge", „Inneres" („Eingeweide") und die „Leber" sind hier Medien, mit denen der Mensch mit der Außenwelt kommuniziert.¹³ Gerade von der Leber, die wörtlich auch „die Schwere" heißt, wird hier wie von etwas Flüssigem gesprochen, das ausgegossen wird – ein in der Hebräischen Bibel singuläres Bild. Bei den anderen 13 Stellen, an denen die Leber vorkommt, handelt es sich um die Leber von Tieren, häufig im Zusammenhang mit Opfern (z. B. Ex 29,13; Lev 4,9). Bei der Leber gibt es nichts, was ausgegossen werden könnte, nichts Flüssiges. Dass etwas Hartes ausgegossen oder ausgeschüttet wird, findet sich noch in Klgl 4,1, wo Edelsteine ausgeschüttet werden. Sonst ist in der Hebräischen Bibel vom Ausgießen der Galle die Rede (Ijob 16,13). Ein möglicher Hintergrund dieses Bildes könnte das Herausquellen von Eingeweiden bei grausamen Verletzungen im Krieg sein (2 Sam 20,10).

Zweimal ist hier vom „Ergießen" oder „Ausgießen" (*špk*) die Rede: Die Leber wird auf die Erde ausgegossen, und das „Leben" (*næpæš*) / die Seele / Vitalität / Lebenskraft der Kinder und Säuglinge „ergießt sich" in den Mutterschoß. Diese Sprachbilder verändern konkrete Lebenserfahrungen. In Klgl 2,12 wird die Rolle der Mütter umgekehrt: sie können ihre Kinder nicht mit Nahrung versorgen. Statt Leben zu geben, kehrt das Leben der Kinder zurück zu ihnen. Die Umkehrung der Geburt ist ein sprachliches Bild für den Tod.

Mit demselben Begriff (*špk*) ist dann in Klgl 2,19 vom „Ausschütten" des Herzens die Rede. Der Sprecher fordert Jerusalem zur Klage und zum Gebet auf:

¹⁹ Steh auf, klage in der Nacht zu Beginn der Nachtwachen!
Schütte dein Herz wie Wasser aus (*špk*),
vor dem Angesicht Adonajs!
Hebe zu ihm deine Hände auf, für das Leben (*næpæš*) deiner Kleinkinder,

---

¹² Vgl. ebd., 150.
¹³ Vgl. *Dörte Bester/Bernd Janowski*, Anthropologie des Alten Testaments. Ein forschungsgeschichtlicher Überblick, in: *Bernd Janowski/Kathrin Liess* (Hg.), Der Mensch im Alten Israel. Neue Forschungen zur alttestamentlichen Anthropologie (Herders Biblische Studien 59), Freiburg i. Br.–Basel–Wien 2009, 3–40; hier 12.

die vor Hunger verschmachten an den Ecken aller Straßen!

Das Ausschütten des Herzens, das sich in unserem heutigen Sprachgebrauch erhalten hat, wird mit dem Vergießen von Wasser, einem alltagssprachlichen Bild, verglichen. Es ist hier ein Vorgang, Inneres, Emotionen und Gedanken nach außen und vor Gott zu bringen. Die Hände sollen die Verbindung herstellen – eine im Alten Orient übliche Gebetsgeste. An anderen Stellen (1 Sam 1,15; Klgl 2,19) ist das Ausgießen der *næpæš* ein Ausdruck des Gebets, das mit der Klage die Hoffnung auf Hilfe verbindet.[14] Die *næpæš* ist in den Klageliedern meistens sehr existenziell im Blick. Es geht um das Überleben, die Vitalität und Lebenskraft ist vom Tod bedroht. Die Menschen, die in der Stadt zurückgeblieben sind, haben Hunger (Klgl 1,11.19). Ein Ende des Leidens könnte das „Zurückführen" / „Regenerieren" / „Wiederherstellen" der *næpæš* / der Seele / des Lebens bringen, das in Klgl 1 dreimal vorkommt (Klgl 1,11.16.19). In Klgl 1,16 ist die Wendung am umfassendsten, indem sie der personifizierten Stadt als Klage in den Mund gelegt wird:

> [16] Darüber weine ich, mein Auge, mein Auge lässt Wasser strömen!
> Denn fern von mir ist ein Tröster, der mein Leben (*næpæš*) wiederherstellen könnte.
> Meine Kinder sind verwüstet, denn der Feind war stärker.

Das „Wiederherstellen" der *næpæš* (des „Lebens" / der Seele) deckt hier ein breites Bedeutungsspektrum ab: das von konkreten, existenziellen Gefahren wie Hunger und Mord bedrohte Leben genauso wie die Emotionen der klagenden Seele, die keinen Tröster findet.

Diese Textbeispiele zeigen verschiedene Facetten von individuellem und kollektivem Leiden und benennen es in poetischer Sprache. Der einzelne Mensch ist gleichzeitig als Individuum und als Teil der Gemeinschaft im Blick. Der menschliche Körper wird in der Innen-Außen-Relation in einem Wechselspiel aus inneren Vorgängen und äußeren Handlungen beschrieben. Ursachen des Leids werden sowohl in äußeren Ereignissen (Gewalt, Feinde, Krieg, Hunger) als auch in inneren Vorgängen (Krankheit, körperlicher und seelischer Schmerz) gesucht. Leiden wird als psychosomatische Erfahrung geschildert.[15] Äußerungen des Leidens sind Seufzen, Weinen, Klagen, das Ausschütten des Herzens und das Heben der Hände.

2 Theologische Dimensionen des Leidens

Da der Mensch nicht nur in seinen zwischenmenschlichen Bezügen gesehen wird, sondern auch in seiner Beziehung zu Gott, stellt sich die Frage: Wo ist Gott in diesem Leid? Welches Gottesbild vermitteln diese Texte? Die theologische Dimension des Leidens hat in den Klageliedern mehrere Facetten:

2.1 Gott als Verursacher des Leidens

Das Leiden macht sprachlos. Es bleiben Seufzen, Klagen und Weinen als Ausdrucksformen des Leidens. „Fern von mir

---

[14] Vgl. *Dörte Bester*, Körperbilder in den Psalmen (s. Anm. 3), 167 f.
[15] Vgl. *Renate Egger-Wenzel*, Art. Leid / Leiden (AT), in: Wissenschaftliches Bibellexikon im Internet, Stuttgart 2008 (http://www.bibelwissenschaft.de/stichwort/10973/; [Abruf: 09.09.2019]).

ist ein Tröster", heißt es an der genannten Stelle Klgl 1,16, „da ist keiner, der mich tröstet" in Klgl 1,21 (vgl. auch Klgl 1,2.9.17.). Gott wird – wie in den Klagepsalmen (z. B. Ps 22) – in der Katastrophe als fern und abwesend erlebt. Gott hat die Stadt vergessen (Klgl 2,1). Das Leiden an der Gottesferne ist nicht nur ein emotionales Problem, sondern kann auch physisch in einer Ferne vom Kultort erlebt worden sein.[16]

Das individuelle und kollektive Leiden wird dadurch noch drastischer, insofern Gott nicht nur als fern wahrgenommen, sondern zusätzlich auch noch als Verursacher des Leidens dargestellt wird. Gott kämpft auf der Seite der Feinde. So heißt es z. B. in Klgl 1,5:

⁵ Ihre Bedränger sind obenauf, ihre Feinde sind zufrieden.
Denn JHWH hat sie in Kummer gestürzt wegen der Menge ihrer Verbrechen.
Ihre Kinder sind vor dem Bedränger her in Gefangenschaft gezogen.

Das Gottesbild wird an manchen Stellen dahingehend verschärft, dass Gott nicht nur allgemein als Verursacher von menschlichem Leid gezeigt wird, sondern als aktiver Zerstörer und Feind, beispielsweise in Klgl 1,12–13:

¹² Euch bedeutet es nichts, die ihr auf dem Weg vorüberzieht.
Schaut her und seht, ob es einen Schmerz gibt wie den Schmerz, der mir zugefügt worden ist, mit dem JHWH mich in Kummer gestürzt hat am Tag seines glühenden Zorns.

¹³ Aus der Höhe hat er Feuer in meine Knochen geschickt, und dann zertrat er sie.
Meinen Füßen hat er ein Netz gelegt, er hat mich zurückgedrängt,
mich verwüstet, er hat mich krank gemacht für alle Zeit.

Das an solchen Stellen zum Ausdruck kommende Gottesbild ist für uns heute schwer verständlich. Solche Gewaltschilderungen gehen zum Teil an die Grenzen des Erträglichen, insbesondere dadurch, dass die Gewalt nicht nur als menschliche Realität, sondern als von Gott ausgehend dargestellt wird. V. a. Klgl 2 ist eine durchgehende Anklage Gottes, in der Gewalt nicht nur den Feinden, sondern auch Gott zugeschrieben wird.

Diese Schilderungen von göttlicher Gewalt bleiben für ein zeitgemäßes Gottesbild anstößig, aber sie werden vielleicht vor ihrem altorientalischen Hintergrund zumindest erklärbar: Das Motiv, dass die Gottheit ihre Stadt nicht ausreichend beschützt und sie deshalb untergeht, hat – allerdings viel ältere – Parallelen in den altorientalischen Stadtuntergangsklagen. Diese führen die Zerstörung von Städten auf unerklärliche Entscheidungen von Gottheiten zurück. Die Verantwortung wird in den Stadtuntergangsklagen auf mehrere Gottheiten aufgeteilt: Die Stadtgottheiten können ihre Stadt nicht schützen, weil höherstehende Gottheiten ihren Untergang beschlossen haben. In der Hebräischen Bibel übernimmt JHWH beide Funktionen, sowohl die eines mächtigen Gottes, der für die Zerstörung der Stadt verantwortlich gemacht wird, als auch die der schützenden Stadtgöttin, die um Hilfe angerufen

---

[16] Vgl. *Hans-Jürgen Hermisson*, Gott und das Leid. Eine alttestamentliche Summe, in: Theologische Literaturzeitung 128 (2003), 3–18; hier 10.

wird. Weit verbreitete Gestaltungselemente, die sich auch in den Klageliedern finden, sind z. B. der Zorn der Gottheit und die Vernichtung durch Feuer und Sturm.[17] Die Rede vom Zorn Gottes ist ein verzweifelter Aufschrei, ein Versuch, eine Erklärung für die Not zu finden.[18] Intention dieser Texte ist es, JHWH als mächtig zu zeigen, sogar als Herrn (Adonaj) über den Untergang, um auch in der Niederlage an der Vorstellung von der Macht Gottes festhalten zu können.[19]

Menschliches Leiden wird also letztlich in den Klageliedern wie in der Hebräischen Bibel insgesamt auf Gott zurückgeführt. Gott wird für die menschliche Not verantwortlich gemacht. Beklagt wird eine Situation, in der JHWH entweder in weite Ferne gerückt ist oder selbst hinter der Gewalt der Feinde steht. Anders als in den altorientalischen Parallelen sehen manche Klagelieder den Grund dafür, dass Gott auf die Seite der Feinde gewechselt hat, im Verhalten der Menschen.

2.2 Leiden und Schuld

Eine Ursache für die Erfahrungen von Leid nach der Zerstörung Jerusalems und des babylonischen Exils suchen die Klagelieder in menschlichem Fehlverhalten und Schuld – wobei hier durchaus unterschiedliche Stimmen zu Wort kommen. In der Einsicht in die eigene Schuld als Mitursache für das gegenwärtige Elend haben die Klagelieder große Parallelen zur prophetischen Literatur und zu deuteronomistischen Konzepten.[20] Die Vorstellung, dass nicht konkret benannte Verfehlungen des Volkes dazu geführt haben, dass sich JHWH, der als Stadtgott Jerusalem eigentlich beschützen sollte, von der Stadt abgewendet hat, begegnet immer wieder in den Klageliedern: Das Volk hat gesündigt, Gott wird zornig und bringt Unheil als gerechte Strafe, aber Gott hat sein Volk nicht verworfen. Einzelne Texte setzen unterschiedliche Akzente. So heißt es z. B. in Klgl 1,14:

> [14] Angebunden ist das Joch meiner Vergehen, verflochten von seiner Hand.
> Sie haben es auf meinen Nacken gelegt, das hat meine Kraft gebrochen.
> Adonaj hat mich denen in die Hände gegeben, denen ich nicht standhalten kann.

Das landwirtschaftliche Bild vom Joch, das sonst auf Rindern befestigt wird, dient dazu, die Schwere und Unausweichlichkeit des Leidens Jerusalems zu illustrieren. Es ist ein Bild für Fremdherrschaft.[21] Näher qualifiziert wird es als „Joch meiner Vergehen", womit ein Zusammenhang zwischen menschlichem Fehlverhalten und seinen Konsequenzen gesehen wird.[22]

Wird hier in der Rede Jerusalems ein Leiden unter dem Joch der eigenen Sünden ausgedrückt, so vermittelt eine andere Stimme – in Klgl 3,27, einer weisheitlichen Sentenz – eher ein stilles Ertragen des Leidens:

---

[17] Vgl. *Ulrich Berges*, Klagelieder (Herders Theologischer Kommentar zum Alten Testament), Freiburg i. Br.–Basel–Wien 2002, 46–52.
[18] Vgl. *Klaus Koenen*, Klagelieder (s. Anm. 9), 95.
[19] Vgl. ebd., 105 f.
[20] Vgl. *Johan Renkema*, Lamentations (Historical Commentary on the Old Testament), Leuven 1998, 164.
[21] Vgl. *Klaus Koenen*, Klagelieder (s. Anm. 9), 72: vgl. z. B. Dtn 28,48; Jes 9,3.
[22] Vgl. *Johan Renkema*, Lamentations (s. Anm. 20), 164.

²⁷ Gut ist es für den Mann, wenn er das Joch in seiner Jugend erträgt.²³

Auch im Volksklagelied Klgl 5 sind zwei unterschiedliche Perspektiven auf die eigene Schuld erkennbar. So distanzieren sich die Sprecher von Klgl 5,7 von den Sünden der Vorfahren:

⁷ Unsere Vorfahren haben gesündigt, aber sie sind nicht mehr.
Wir ertragen ihre Verschuldungen.

In Klgl 5,16 wird dagegen die eigene Sünde thematisiert:

¹⁶ Gefallen ist die Krone unseres Kopfes. Wehe uns! Denn wir haben gesündigt.

In Klgl 5,16 finden sich Anklänge an die deuteronomistische Umkehrtheologie (1 Kön 8,46–50): Das Schuldbekenntnis soll zur Vergebung durch Gott führen und die Leidenssituation beenden. Mit dem Schuldbekenntnis ist die Hoffnung auf Vergebung verbunden, und darauf, dass sich JHWH für eine Verbesserung der Situation einsetzt und das Leiden beendet.

In den Klageliedern schlägt sich der Trauerprozess mehrerer Generationen nieder.²⁴ Die Vielstimmigkeit unterschiedlicher Perspektiven wird bewusst als Stilmittel eingesetzt. Die Klagelieder enthalten sowohl Stimmen, die in der Beurteilung der Schuld zwischen den Generationen unterscheiden, und solche, welche die eigene Schuld thematisieren.²⁵ Im vermutlich jüngsten der fünf Lieder, dem dritten Klagelied, wird in Klgl 3,39–42 über die eigene Schuld reflektiert:

³⁹ Was beklagt sich ein Mensch, der lebt, was beklagt sich ein Mann über seine Sünden?
⁴⁰ Lasst uns unsere Wege prüfen und erforschen und umkehren zu JHWH!
⁴¹ Lasst uns unser Herz zu den Händen erheben, zu Gott im Himmel!
⁴² Wir haben gesündigt und sind widerspenstig gewesen; du hast nicht vergeben.

Am Ende von V. 42 wendet sich die kollektive Rede, das Bußgebet, in direkte Anrede an Gott. Die Selbstreflexion über die eigene Schuld ist gleichzeitig individuell und kollektiv. In ihrer Vielstimmigkeit beleuchten die Klagelieder den sog. Tun-Ergehen- oder Tat-Folge-Zusammenhang²⁶ aus unterschiedlichen Blickwinkeln: sie enthalten sowohl Stimmen, die ihn als notwendige Konsequenz ansehen, als auch andere, die ihn durchbrechen oder zumindest begrenzen.

---

23 In eine ähnliche Richtung geht auch Ijob 9,22 ff., wonach die Zerstörung Gottlose und Unschuldige gleichermaßen trifft.
24 Generationen übergreifende Schuldbekenntnisse finden sich in der Hebräischen Bibel z. B. auch in Ps 106,6; Neh 9,2. Vgl. *Thomas Wagner*, Die Schuld der Väter (er-)tragen – Klgl 5 im Kontext exilischer Theologie, in: Vetus Testamentum 62 (2012), 622–635; hier 631; vgl. Ri 10,10.15; 1 Sam 7,6; 12,10; Jer 14.
25 Vgl. *Marianne Grohmann*, Individualität und Selbstreflexion in den Klageliedern, in: *Andreas Wagner / Jürgen van Oorschot* (Hg.), Individualität und Selbstreflexion in den Literaturen des Alten Testaments (Veröffentlichungen der Wissenschaftlichen Gesellschaft für Theologie 48), Leipzig 2017, 259–277; hier 273–277.
26 Vgl. *Georg Freuling*, Art. Tun-Ergehen-Zusammenhang, in: Wissenschaftliches Bibellexikon im Internet, Stuttgart 2008 (https://www.bibelwissenschaft.de/stichwort/36298/ [Abruf: 27.02.2019]).

2.3 Gott als Adressat der Leidschilderungen und Klagen

Wie in den Klagepsalmen wird Gott zwar einerseits für das menschliche Leiden verantwortlich gemacht, aber gleichzeitig als Adressat der Klage angerufen und um Hilfe gebeten. Dreimal wird JHWH in Klgl 1 (9.11.20) zum Sehen aufgefordert, so z. B. in Klgl 1,9:

> ⁹ Sieh dir, JHWH, mein Elend an, der Feind ist groß geworden!

Gott wird in den Klageliedern in ambivalenten Spannungen dargestellt, nicht nur als Jäger mit Netz (Klgl 1,13) oder als Krieger mit Pfeil und Bogen (Klgl 2,4), sondern gleichzeitig gerecht (Klgl 1,18) und barmherzig. Auch wenn es nicht so dominant ist, findet sich in den Klageliedern ebenso das Bild eines sich erbarmenden, mitfühlenden Gottes, z. B. in Klgl 3,22:

Weiterführende Literatur:
Grundlegende Informationen zum Menschenbild der Hebräischen Bibel in allgemein verständlicher Sprache bieten *Silvia Schroer / Thomas Staubli*, Die Körpersymbolik der Bibel, Gütersloh ²2005.
Der wibilex-Artikel Leid / Leiden (AT) von *Renate Egger-Wenzel* gibt einen guten Überblick und weiterführende Literatur zum Thema Leiden im Alten Testament.
Ein kompakter, umfassender und gut lesbarer Kommentar zu den Klageliedern ist von *Christian Frevel*, Die Klagelieder (Neuer Stuttgarter Kommentar. Altes Testament 20/1), Stuttgart 2017.

> ²² Es sind die Gnadenerweise JHWHs, dass es nicht ganz und gar zu Ende ist mit uns,
> denn sein Erbarmen hat sich nicht erschöpft.

Dieses Wechselspiel aus einer Sichtweise auf Gott als Verursacher der eigenen Not, die Einsicht in die Gerechtigkeit Gottes, weil die Menschen durch ihr Verhalten zum Leiden beigetragen haben, und das Festhalten an Gott, der aus der Not erretten kann, ist auch für die Psalmen charakteristisch. Allerdings fehlt in den Klageliedern die tröstliche Perspektive weitgehend.

Auch wenn die Klagelieder wenig Trost zu bieten haben, liegt zumindest im Aussprechen der Not vielleicht ein erster Schritt in Richtung einer Überwindung des Leidens. „Jerusalem erinnert sich" (Klgl 1,7) – das Stichwort *zkr* kommt in diesem Zusammenhang öfter vor. Es umschreibt einen Erinnerungs- und Klagevorgang zur Bewältigung der Katastrophe. Der Text will trotz aller Not zum Gebet hinführen und dazu auffordern, Gott als Ansprechpartner für das Leiden anzusehen. Gott ist Adressat der Klage und des Hilferufes, ihm wird das Leid geklagt. Leiden hat im Gebet, in der Klage einen Ort. Nicht nur Jerusalem und ihre Bewohnerinnen und Bewohner werden zum Erinnern aufgerufen, sondern auch Gott wird dazu aufgefordert, die Ferne aufzugeben und sich wieder an die Stadt und die Menschen zu erinnern (Klgl 3,19).

In Klgl 3,20–21, dem als Rede eines Mannes gestalteten – im Vergleich mit Lied 1, 2 und 4 etwas jüngeren – Lied,[27] findet sich eine Kombination von Seele und Herz an einer Stelle, die so etwas Ähnli-

---

[27] Vgl. *Christian Frevel*, Die Klagelieder (Neuer Stuttgarter Kommentar. Altes Testament 20/1), Stuttgart 2017, 43–44.

ches wie den aus den Psalmen bekannten „Stimmungsumschwung" beschreibt:

²⁰ Meine Seele (*næpæš*) erinnert sich (*zkr*) immer daran und ist niedergedrückt in mir.
²¹ Das will ich mir zu Herzen nehmen, und darauf will ich hoffen.

V. 20 bezieht sich auf die vorausgehende Notschilderung, V. 21 dagegen auf die folgende Erinnerung an vergangenes Gnadenhandeln und Erbarmen Gottes. Der Vorgang des Erinnerns ist hier individuell einem Einzelnen zugeordnet, der gleichzeitig repräsentativ für das kollektive Gedächtnis des ganzen Volkes steht. Der Text beschreibt den Übergang vom schmerzhaften Erinnern (*zkr*) an die Not der Vergangenheit zur Rückerinnerung an die noch davor liegende Gnade Gottes (Klgl 3,21–22). Diese Stelle ist eine Schlüsselstelle für die Intention der Klagelieder: Sie fordern dazu auf, sich trotz aller gegenwärtiger Gewalt an das davor liegende Erbarmen Gottes zu erinnern. Der Zorn Gottes wird als vorübergehende Phase dargestellt.

Die Verbalisierung von Leidenserfahrungen in einer Bedrohungssituation ist ein erster Schritt der Bearbeitung von Ängsten und Nöten.[28] Das Gottesbild der Klagelieder verbindet gewaltvolle und barmherzige Seiten: Der Appell an Gott, genau hinzusehen und sich wieder an sein Volk zu erinnern, hat nur Sinn, wenn von Gott nicht nur Gewalt, sondern auch Erbarmen und Trost erhofft werden.[29] So zeigen die Klagelieder mit ihrer körperlichen, „ganzheitlichen" Sprache und ihren facettenreichen Menschen- und Gottesbildern vielleicht Ansätze auf, mit Leiderfahrungen und Erfahrungen von Gottesferne umzugehen. Das Aussprechen und Erinnern ist ein erster Schritt auf dem Weg der Verarbeitung und Bewältigung von Leiden.

Die Autorin: *Prof.ⁱⁿ Dr.ⁱⁿ Marianne Grohmann, geb. 1969 in Wien, studierte Evangelische Theologie sowie Lehramt Religion und Deutsch in Wien und Berlin, 1992/93 ein Jahr mit „Studium in Israel" und 1995/96 im Rahmen von Doktoratsforschungen an der Hebräischen Universität Jerusalem; 2007 war sie als Fulbright Visiting Scholar an der University of Berkeley in Kalifornien; seit 2007 ist sie außerordentliche Professorin, seit 2019 Universitätsprofessorin am Institut für Alttestamentliche Wissenschaft und Biblische Archäologie an der Evangelisch-Theologischen Fakultät der Universität Wien; jüngste Publikationen: Second Wave Intertextuality and the Hebrew Bible (SBL Resources for Biblical Study 93), hg. gemeinsam mit Hyun Chul Paul Kim, Atlanta 2019; The Role of Senses in Lamentations 4, in: Annette Schellenberg/Thomas Krüger (Hg.), Sounding Sensory Profiles in the Ancient Near East (SBL Ancient Near East Monographs 25), Atlanta 2019, 181–198.*

---

[28] Was *Erich Zenger*, Ein Gott der Rache? Feindpsalmen verstehen, in: *ders.*, Psalmenauslegungen 4, Freiburg i. Br.–Basel–Wien 2003, 7, zu den sog. „Feindpsalmen" sagt, gilt auch für die Klagelieder.
[29] Vgl. *Christian Frevel*, Die Klagelieder (s. Anm. 27), 192 f.

Darius Asghar-Zadeh

Wie geht der Islam mit dem Thema Leid um?

◆ Die Leidthematik ist auch im Islam bedeutsam. Zugleich weist der Autor, wissenschaftlicher Mitarbeiter im Zentrum für Islamische Theologie der Universität Münster, darauf hin, dass sich die Theodizeefrage im Islam jenseits des historisch kontingenten Rahmens von rationalistischer Religionskritik und aufkeimendem Atheismus etwas anders konfiguriert hat. Im Koran wie auch in der rationalen Tradition der islamischen Theologie (*Muʿtazila* und *Ašʿariya*) stünden zwar die gebräuchlichen Erklärungsversuche von Leid durch Funktionalisierung, Pädagogisierung und teleologische Depotenzierung im Vordergrund, allerdings weisen drei aktuelle theologische Entwürfe auch in Richtung (islamische) Mystik. (Redaktion)

Wie die anderen monotheistischen Religionen Judentum und Christentum, so kennt selbstverständlich auch der Islam die Problematik der religiösen Verarbeitung von Leiderfahrungen und die Schwierigkeit der entsprechenden theologischen Reflexion.[1] Schließlich ist die Erfahrung von Not, Schmerz, Krankheit und Tod eine anthropologisch bedingte Grunderfahrung, die eben auch jeden gläubigen Menschen ereilen und zum verzweifelten Fragen nach dem Warum, aber auch nach der Möglichkeit, religiös damit umzugehen, treiben kann.

Die christliche Theologie verortet die theologische Leidbewältigungsfrage, insbesondere durch die aufklärerisch akzelerierte rationalistische Religionskritik und den modernen Atheismus herausgefordert, im Rahmen der Theodizee-Debatte.[2] Zwar lässt sich für den traditionell-orthodoxen islamischen Zugang feststellen, dass hier eher eine koranisch fundierbare „Abwehr der Theodizeefrage" sichtbar wird.[3] So steht im Islam eher die Sinnproblematik des menschlichen Leids zur Debatte als die Frage nach einer Rechtfertigung Gottes vor dem Forum der Vernunft.[4] Die theologische Reflexion kennt jedoch diverse Umgangsformen mit der Thematik, die als Theodizeetypen einordenbar sind. Der

---

[1] Neben diversen leidassoziierbaren Vokabeln lassen sich als die zwei dem Leidbegriff semantisch naheliegendsten arabischen Pendants „*alam* (Schmerz, Leid, Harm)" und „*aḏā* (Leid, Unbehagen, Mühsal, Qual, Pein, Bedrückung)" anführen (*Hüseyin Inam*, Reflexionen des Leids bei Muslimen. Zwischen Alltagserfahrungen und Theologie, in: *Andreas Renz* u. a. (Hg.), Prüfung oder Preis der Freiheit? Leid und Leidbewältigung in Christentum und Islam, Regensburg 2008, 87–98, hier 88 f.

[2] Vgl. *Klaus von Stosch*, Herausforderung Theologie. Ein christlicher Blick auf muslimische Perspektiven auf das Theodizeeproblem, in: *Mouhanad Khorchide / Klaus von Stosch* (Hg.), Herausforderungen an die Islamische Theologie in Europa – Challenges for Islamic Theology in Europe, Freiburg i. Br.–Basel–Wien 2012, 77–109, hier 77 f.

[3] Vgl. *Anja Middelbeck-Varwick*, Warum? Das Leiden als Frage an Gott in Islam und Christentum, in: *Reinhold Bernhardt / Klaus von Stosch* (Hg.), Komparative Theologie. Interreligiöse Vergleiche als Weg der Religionstheologie, Zürich 2009, 175–200, hier 187 f. mit Bezug auf *Hans Zirker*, Islam. Theologische und gesellschaftliche Herausforderungen, Düsseldorf 1993, 204–220.

[4] Vgl. *Anja Middelbeck-Varwick*, Warum? (s. Anm. 3), 177.

hier angelegte Beitrag versteht sich nicht als Suche nach einer islamischen Theodizee im Sinne einer Form der Gottesrechtfertigung, sondern in erster Linie als Darstellung sowohl der wichtigsten traditionellen islamischen Umgangsformen zum Leidbegriff als auch einiger jüngerer Verständniszugänge aus dem Bereich der islamischen Mystik.

1 Koranische Schwerpunkte

Der Koran thematisiert das menschliche Leid vielerorts und zeigt vorwiegend Tendenzen zu einer Funktionalisierung, Pädagogisierung und teleologischen Depotenzierung[5] von Leiderfahrungen.[6]

Bereits die Entstehung der islamischen Religion steht gewissermaßen in Verbindung mit einer Leidensgeschichte. So hat der Propheten Muḥammad mit den ersten Gefolgsleuten in seiner Heimatstadt Mekka anfänglich wegen seiner Glaubensverkündigung unter Schmähungen und Verfolgungen durch Glaubensgegner leiden müssen.[7] Gleichwohl gibt es Stimmen wie diejenige von Smail Balić, welche das muslimische Weltbild im Allgemeinen eher als optimistisch denn als pessimistisch beschreiben und im Ausgang von Koranversen – wie beispielsweise Q 10:62 („Und nicht befällt die Beistände Gottes Furcht noch werden sie traurig sein."[8]) – die Möglichkeit einer zuträglichen Lebens- und auch Leidensbewältigung durch eine solche vertrauensbasierte islamische Seelenbestärkung ausmachen.[9] Insgesamt wird das Leid weniger als theoretisches Problem denn als „Teil der Welt und des Lebens"[10], mitunter gar als Faktor des kosmischen Plans Gottes gesehen.[11] Der Koran legt die völlige Umfasstheit jeglichen Leids von Gottes Allmacht und Güte nahe: Dementsprechend kenne Gott alles Zukünftige und bestimme auch alle menschlichen Schicksalsschläge, sodass man die Existenz von Leid nicht grundsätzlich als Widerspruch zur göttlichen Intention deuten kann.[12] Neben der Erfassung von Leid als

---

[5] Vgl. zu den Begriffen z. B. *Klaus von Stosch*, Herausforderung Theologie (s. Anm. 2), 82, 86 bzw. 90.

[6] Vgl. *Jameleddine Ben Abdeljelil / Anja Middelbeck-Varwick*, Gerecht und barmherzig? Glauben an Gott angesichts des Leids, in: *Volker Meißner / Martin Affolderbach / Hamideh Mohagheghi / Andreas Renz* (Hg.), Handbuch christlich-islamischer Dialog. Grundlagen – Themen – Praxis – Akteure, Freiburg i. Br.–Basel–Wien, 160–168, hier 165.

[7] Vgl. hierzu *Rudi Paret*, Mohammed und der Koran, Stuttgart ⁹2005, 102–112.

[8] Die Koranverse werden entnommen aus: Der Koran. Vollständig und neu übersetzt von *Ahmad Milad Karimi*. Mit einer Einführung herausgegeben von *Bernhard Uhde*, Freiburg i. Br.–Basel–Wien 2009.

[9] Vgl. *Smail Balić*, Art. Leiden. 3. Islamisch, in: *Adel Theodor Khoury* (Hg.), Lexikon religiöser Grundbegriffe, Graz–Wien–Köln 1996, 653–654.

[10] *Tahsin Görgün*, Leid als Teil der Welt und des Lebens. Gibt es ein Theodizee-Problem aus islamischer Perspektive?, in: *Andreas Renz* u. a. (Hg.), Prüfung oder Preis der Freiheit? (s. Anm. 1), 31–48.

[11] Vgl. *Nasrin Rouzati*, Evil and Human Suffering in Islamic Thought – Toward a Mystical Theodicy, in: Religions 8 (2018), H. 2, 1–13, hier 3.

[12] Vgl. *Anja Middelbeck-Varwick*, Warum? (s. Anm. 3), 184 f. mit Bezug auf z. B. Q 3:25 f.: „Doch wie wenn Wir sie versammeln an einem Tag, an dem kein Zweifel, und jeder erhält, was er erworben. Und ihnen wird nichts Übles getan. Sag: O Gott, Herrscher der Herrschaft! Du gibst die Herrschaft, wem Du willst, und entziehst die Herrschaft, wem Du willst, und Du ehrst, wen du willst, und erniedrigst, wen Du willst. In Deiner Hand allein ruht das Gute. Wahrlich, Du bist aller Dinge mächtig [...]!"; ferner Q 6:95, 22:5 f., 35:1 f., 57:22.

Strafe gegenüber solchen Menschen, die sich der prophetischen Botschaft widersetzen, wird aus anderen koranischen Sinndeutungsspuren deutlich, dass das Leid als pädagogische Disziplinierung, Charakter- und Frömmigkeitsformung auch den gläubigen Menschen erfassen kann, der sich dann bis hin zu seiner genuinen geschöpflichen Wertenthüllung zu bewähren habe. Hier lässt sich Leid durchaus als soteriologisches Medium auf dem Weg zum eschatologischen Heil verstehen. Exemplarisch stehen dabei Koranverse im Vordergrund wie Q 5:95, 6:69, 22:57–61.[13]

Die koranische Botschaft wehrt menschliches zur Rechenschaft ziehendes Befragen Gottes als gegenüber Dessen transzendenter Hoheit als unangemessen ab; der Mensch könne mit den ihm zur Verfügung stehenden Reflexionsmitteln, mit seinem Verstand die Größe und Weisheit in den göttlichen Wegen nicht vollends erfassen und verstehen (vgl. Q 2:216: „Und Gott weiß es, doch ihr wisst es nicht."; Q 21:23: „Er wird nicht befragt danach, was Er tut. Doch sie werden befragt.") Eher müsse er auch in seinem Leid auf Gott vertrauen und sich in Geduld (ṣabr) und eben im Vertrauen (tawakkul) auf Gottes Barmherzigkeit (raḥma) üben.[14]

Um zwei für den Zusammenhang markante Narrative der koranischen Tradition anzusprechen, soll an dieser Stelle kurz auf die Botschaft des Ijob-Motivs und der sogenannten al-Ḥiḍr-Erzählung hingewiesen werden: Die koranische Geschichte von Ijob (Ayyūb) präsentiert inhaltlich das, was man als die biblische Rahmenerzählung von Ijobs „Leiden, seiner Bewährung in Geduld (ṣabr) und seiner Wiederherstellung" kennt (Q 21:83 f., 38:42–45).[15] Das erlittene Leid fungiert auch hier als Prüfung (ibtilāʾ), die der gläubige Ayyūb im geduldigen Gottvertrauen, zwar nicht ganz ohne Klage, jedoch explizit ohne Gottesanklage, besteht. Freilich nimmt die spätere Auslegungsliteratur in ihrer Rezeption des Ayyūb-Motivs die Frage nach dem unschuldig Leidenden sehr wohl auf.[16] Das andere bezeichnende Narrativ, die Erzählung über die weise Figur al-Ḥiḍr, welche Mose vermeintlich ethisch unvertretbare Ereignisse und Handlungen als im Nachhinein einer höheren göttlichen Absicht entsprechend einsichtig macht, unterstreicht das Postulat vom demütigen Bewusstsein von der Begrenztheit der menschlichen Einsicht und vom notwendigen Vertrauen auf die höheren Ziele Gottes.[17]

---

[13] Vgl. *Anja Middelbeck-Varwick*, Warum? (s. Anm. 3), 186 f.; *Tahsin Görgün*, Leid als Teil der Welt und des Lebens (s. Anm. 10), 37–40; *Nasrin Rouzati*, Evil and Human Suffering in Islamic Thought (s. Anm. 11), 3.

[14] Vgl. *Anja Middelbeck-Varwick*, Warum? (s. Anm. 3), 189 f. mit Bezug auf *William M. Watt*, Suffering in Sunnite Islam, in: Studia Islamica 50 (1979), H. 1, 5–19, hier 14; *Tahsin Görgün*, Leid als Teil der Welt und des Lebens (s. Anm. 10), 36.

[15] *Stefan Schreiner*, Der Prophet Ayyūb und das Theodizee-Problem im Islam. Eine Erwiderung auf Tahsin Görgün, in: *Andreas Renz* u. a. (Hg.), Prüfung oder Preis der Freiheit? (s. Anm. 1), 49–63, hier 60; vgl. *Nasrin Rouzati*, Evil and Human Suffering in Islamic Thought (s. Anm. 11), 37.

[16] Vgl. *Stefan Schreiner*, Der Prophet Ayyūb und das Theodizee-Problem im Islam (s. Anm. 15), 60 ff.

[17] Vgl. *Ömer Özsoy*, „Gottes Hilfe ist ja nahe!" (Sure 2, 214). Die Theodizeeproblematik auf der Grundlage des koranischen Geschichts- und Menschenbildes, in: *Andreas Renz* u. a. (Hg.), Prüfung oder Preis der Freiheit? (s. Anm. 1), 199–211, hier 208–211.

2 Ansätze rationaler Glaubensverantwortung zum Thema Leid

Nun bedeutet der vorgestellte koranische Befund nicht *per se* ein Verbot, sich mit der Leidfrage überhaupt glaubensverantwortend in vernunftgeleiteter Weise auseinanderzusetzen. Schließlich ist dem Islam keine vernunftenthobene religiöse Kulturalität eigen, sondern im Gegenteil, eine lang etablierte Tradition rationalen Theologisierens, welche sich insbesondere in der Disziplin der „philosophischen" oder „dialektischen Theologie", dem sogenannten *kalām*, niederschlägt. Dieser bezeichnet seit seiner Entstehung im klassisch-theologischen Rahmen des Mittelalters eine apologetische, besser formuliert: glaubensverantwortende und damit gewissermaßen fundamentaltheologische Form islamisch-theologischer Argumentation.

Die Gedulds- und Ertragenspostulatorik des Koran indiziert in erster Linie die angemahnte kontinuierliche Festigkeit im frommen Gottvertrauen. Auch sind die Pädagogisierungs- und Funktionalisierungsmomente nicht so zu verstehen, als dürfe der (theologisch reflektierende) Mensch überhaupt nicht über die glaubensbezogene Problematik des Leids nachdenken. So fordert gerade der Koran oft implizit ganz grundsätzlich zur sorgfältigen Anwendung der Vernunft auf (vgl. z. B. Q 13:4, 16:12, 30:24) und identifiziert darüber hinaus die Vernünftigkeit des von Gott bereits protologisch *in-spirierten* Menschen als schöpfungstheologisch und anthropologisch zentrale Auszeichnungskonstante des Menschseins überhaupt (vgl. Q 15:29, 32:9, 2:31 ff.). Zwar warnen die Hinweise darauf, der Mensch vermöge in seiner eingeschränkten Erkenntnisfähigkeit die Tiefe der göttlichen Wegesintentionen nicht vollends zu verstehen, vor einer Überzeichnung des menschlich-rationalen Vermögens. Jedoch ist der koranischen Botschaft nicht an einem Abwürgen der menschlichen Suche nach Einsicht gelegen. Denn auch Muslimen widerfährt nun einmal unerklärliches Leid, als ungerecht empfundener Schmerz mit dem Gefühl, doch keinen Sinn in zahlreichen Phänomenen des Leids finden zu können.

Ein Blick in die Theologiegeschichte zeigt, wie bereits in der klassisch-islamischen Theologie das Bestreben um eine rationale Auseinandersetzung mit den bestehenden Glaubensinhalten die Problematik der Leidfrage nicht vermied, sondern auf ein vernunftorientiertes Einholen der Sache vor dem Hintergrund orthodoxer Frömmigkeit abzielte. Exemplarisch ist hier die Debatte um das Verhältnis von Gottes Allmacht und Gerechtigkeit und der Freiheit des Menschen zu nennen, die sich zwischen den beiden großen Schulen der klassisch-islamischen Theologie *Muʿtazila* und *Ašʿarīya* ereignete:[18] Die Muʿtaziliten vertraten eine stark vernunftethisch orientierte Haltung, die Selbstbindung Gottes an die Güte seines Wesens und die menschliche Willens- und Handlungsfreiheit, also auch strikte moralische Verantwortlichkeit. Den Ašʿariten hingegen ging es hauptsächlich um die Wahrung der Lehre von der absoluten Allmacht, Souveränität und Ungebundenheit Gottes, was auch die „Erschaffung" aller menschlichen Handlungen, ob gut oder böse respektive leiderzeugend miteinschloss. In ihrer vornehmlichen Bemühung um die Wahrung der Rede von Gottes Gerechtig-

---

[18] Vgl. zu den Kontroversen dieser beiden Schulen z. B. *Lutz Berger*, Islamische Theologie, Wien 2010, 73–85.

keit unterstreicht die muʿtazilitische Position die Willensfreiheit und das Vernunftvermögen des Menschen: Aufgrund Seiner Gerechtigkeit und Güte kann Gott nicht für das Übel verantwortlich sein; Gott kann der sogenannten *aṣlaḥ*-Doktrin mancher Muʿtaziliten zufolge sogar nur „das Beste" erzeugen. Eine Verantwortlichkeit für böse Taten ist entsprechend seiner Entscheidungsfreiheit nur dem Menschen zuzusprechen. Eines der bekanntesten Erklärungssysteme findet sich bei dem muʿtazilitischen Denker ʿAbd al-Ǧabbār (gest. 1024), der vom Grundaxiom eines stets guten Handeln Gottes ausgehend die Theorie von der Pflichtenauferlegung vertrat. Die von Gott auferlegten Pflichten (*taklīf*) zeigen Gottes guten Willen, Seine stets gute Absicht für den Menschen an. Diese gute Grundabsicht schließt auch alle leiderzeugenden Taten mit ein; durch Menschen nicht verursachtes, erfahrenes Leid gilt somit ebenfalls als gute göttliche Hilfe und Mahnung zur Einhaltung der an den für seine Entscheidungen stets verantwortlichen Menschen gerichteten Pflichten. Alles durch Menschen zugefügte Leid ist entsprechend als menschliche Übeltat zu werten. Während diese beschriebenen muʿtazilitischen Zugänge als *funktionalisierende* und *pädagogisierende*[19] Theoriebildungen identifizierbar sind, ist die ebenfalls von ʿAbd al-Ǧabbār intensiv hervorgehobene Ansicht, alles erfahrene Leid werde (eschatologisch) übertrefflich vergolten, als „teleologische Depotenzierung" des Leids zu verstehen.[20]

Die Haltung der ašʿaritischen Gegner der Muʿtaziliten band sich hauptsächlich an die Position des Namensgebers der Gruppierung, des Gelehrten Abū al-Ḥasan al-Ašʿarī (gest. 936), und seiner Anhänger, welche Gott in Seiner grenzenlosen Allmacht als Urheber und ethischen Determinator allen Geschehens, ob (menschlicher Auffassung nach) gut oder böse bzw. leidvoll ansahen, um Ihn von jeglicher Gebundenheit – auch von der Gebundenheit an Wesensattribute – völlig freizusprechen. Die menschliche Handlungsfreiheit wird hier eher negiert, alle Handlungen in der Welt seien ursprünglich von Gott erschaffen und – so die Ansicht mancher Ašʿariten, die ein Maß an menschlicher Entscheidungsfreiheit spekulativ nicht außer Acht lassen wollten – vom Menschen zur Ausführung bloß „erworben". Der prominente mittelalterliche ašʿaritische Gelehrte Abū Ḥāmid al-Ǧazālī (gest. 1111) spitzte die Positionen dieser letzteren theologischen Schule zur Übel- und Leidthematik in seinem berühmten, einem Bonmot von Leibniz sehr ähnlichen Diktum von dieser von Gott geschaffenen Welt als „der besten aller möglichen Welten" zu. Wider den Gedanken einer notwendigen Kausalität aller Weltvorgänge erkennt al-Ǧazālīs Theorie das alleinige Wirken in der Welt bei Gott und benennt die faktisch bestehende, stets vom Gotteswillen abhängige Welt als von Gott vollkommen wie gerecht geschaffen und strukturiert. In ihr ist alles, auch die Übel und das Leid, notwendi-

---

[19] Der mittelalterliche Islam vermittelt in seinen traditionellen Zügen einen Begriff von physischem Leid, anders gewendet vom „Patient-Sein", als besonders verantwortungsforderndem, rituellem Ort der tiefen Gott-Mensch-Kommunikation, der intensiven Selbstbetrachtung und Frömmigkeitspraxis. (Vgl. hierzu *Ahmed Ragab*, Piety and Patienthood in Medieval Islam, London–New York 2018, 123 f., 217–222).

[20] Vgl. *Klaus von Stosch*, Herausforderung Theologie (s. Anm. 1), 86 f. Vgl. zu den gesamten vorangegangenen Ausführungen zu den muʿtazilitischen Positionen *Anja Middelbeck-Varwick*, Warum? (s. Anm. 3), 192 f., ferner *Ömer Özsoy*, „Gottes Hilfe ist ja nahe!" (Sure 2, 214) (s. Anm. 17), 200 f.

ge Komponente der kosmologischen Perfektion.²¹

3 Die Besonderheit des schiitischen Passionselements

Der Zweig des Schia-Islams nimmt *in puncto* Leidfrage auch innerhalb der muslimischen Kultur gewissermaßen eine Sonderstellung ein, da er spezifische Passionsmotive kennt.²² Diese Passionsmotive basieren auf der zwölferschiitischen Lehre der Imame:²³ Den nach schiitischem Verständnis rechtmäßigen zwölf Nachfolgern des Propheten Muḥammad werden allen, mit Ausnahme des letzten, in die Verborgenheit entrückten Imams, Leidphänomene im Sinne des Martyriums zugeschrieben, darunter Verfolgung, Krankheit, Gefangenschaft oder Ermordung.²⁴ Das prominenteste und glaubensgeschichtlich einflussreichste Passionsmotiv besteht in der Geschichte des Prophetenenkels Imam Ḥusayn (gest. 680), der für die Sache der Befreiung seiner Gefolgsleute in die für ihn aussichtslose Schlacht bei Karbalā zieht und dort mit zahlreichen Mitstreitern und Familienangehörigen den Märtyrertod erleidet. Grundsätzlich steht hier eine stets idealanthropologische Rolle der Imame im Vordergrund, die mitunter – eben insbesondere im Falle Imam Ḥusayns – durchaus eine proexistenztheologische Dimension erkennbar werden lässt. Diese ist selbstverständlich nicht mit dem christologischen Proexistenzbegriff vom stellvertretenden Sühneleiden Jesu Christi gleichzusetzen, spricht aber für die Möglichkeit einer z. T. strukturanalog einholbaren Hermeneutik der sich solidarisch auch im Leiden und sogar Sterben bewährenden Güte und Gerechtigkeit des Imams.²⁵

Obgleich die triumphtheologische Deutung der Lehre von der messianischen Wiederkunft des zwölften Imams das schiitische Zentralverständnis von der vervollkommneten Imamgeschichte darstellt,²⁶ hat die Leidreflexion insbesondere für die Volksfrömmigkeit weitreichende Konsequenzen: Im Vordergrund steht eine intensive Kultur der Trauer, der Klage und der

---

21 Vgl. zu den vorangegangenen Ausführungen zur Ašʿarīya *Anja Middelbeck-Varwick*, Warum? (s. Anm. 3), 193–196; *Ömer Özsoy*, „Gottes Hilfe ist ja nahe!" (Sure 2, 214) (s. Anm. 17), 201 ff. Selbstverständlich lässt sich die Leidfrage mit den oben beschriebenen rationalen Zugangsformen nicht immer und nicht in jeder Hinsicht stillstellen. Insbesondere in einer religionsdialogischen oder gar komparativ-theologischen Perspektive sind es beispielsweise die christlich-theologisch elaborierten Problemdiskurse, welche die Zugangsformen zur Funktionalisierung, Pädagogisierung und teleologischen Depotenzierung des Leids längst mit pointierter Kritik herausgefordert haben. Vgl. dazu *Klaus von Stosch*, Herausforderung Theologie (s. Anm. 1), 82–92.
22 Vgl. *Smail Balić*, Art. Leiden. 3. Islamisch (s. Anm. 9), 653 f.; *Nader Purnaqcheband*, Das Leiden der Imame aus der Sicht der Zwölferschia, in: *Andreas Renz* u. a. (Hg.), Prüfung oder Preis der Freiheit? (s. Anm. 1), 140–154.
23 Vgl. zur zwölferschiitischen Imamlehre allgemein z. B. *ʿAllāma Sayyid Muḥammad Ḥusayn Ṭabāʾtabāʾī*, Die Schia im Islam, Hamburg 1996, 124–173.
24 Vgl. *Nader Purnaqcheband*, Das Leiden der Imame aus der Sicht der Zwölferschia (s. Anm. 22), 142–148.
25 Vgl. gewissermaßen *Hans Zirker*, Beobachterbericht zum Forum: Durch Leiden zum Heil? Schiitische und christliche Traditionen, in: *Andreas Renz* u. a. (Hg.), Prüfung oder Preis der Freiheit? (s. Anm. 1), 155–160, hier 158.
26 Vgl. *Nader Purnaqcheband*, Das Leiden der Imame aus der Sicht der Zwölferschia (s. Anm. 22), 148 f., 154.

damit verbundenen Trauer- bzw. Bußrituale,²⁷ in welcher das Leid des Imams ins Gedächtnis gerufen, zugleich aber auch die Schuld derjenigen historischen Parteigänger Imam Ḥusayns diachron verarbeitet werden soll, die ihn bei der damaligen Schlacht im Stich gelassen hatten.²⁸ Klagendes Trauern und frömmigkeitsmodale Einsatzbereitschaft verbinden sich hier volksliturgisch zur angestrebten Partizipation an einem soteriologischen Fluchtpunkt.²⁹ Im metahistorisch-hermeneutischen Rückgriff auf das Karbalā-Narrativ hat sich in der Schia eine identitätsbestimmende „Kultur des Leidens" entwickelt, die dem Leiden Sinn und Tragbarkeit verleiht. Dies geschieht in Form seiner Repräsentation als metaphysischem Wert und Frömmigkeitskriterium im soteriologischen Sinne der Erhaltung und Vollendung der kosmisch-göttlichen Ordnung.³⁰

4 Drei zeitgenössische Zugangsbeispiele

Nasrin Rouzati versucht sich im Rückgriff auf den berühmten islamischen Mystiker Ǧalāl ad-Dīn Rūmī (1207–1273) an einer „mystischen Theodizee". Rūmī zufolge ist die gesamte kosmische Mannigfaltigkeit Ausdruck der einen göttlichen Realität. Da das wichtigste Ziel auf dem Pfad der menschlich-spirituellen Entwicklung das Erreichen der genuinen Selbsterkenntnis (*maʿrifat an-nafs*) sei, sind Anfechtung und Leid kathartische Notwendigkeiten, um den Menschen aus seiner Welt- und Ich-Verhaftetheit zu befreien und ihn auf seinen göttlichen Ursprung zurück zu verweisen. Wichtig sei hier die persönliche Einstellung zum und Umgangsform mit dem erfahrenen Leid: Die willige Bereitschaft zur Selbstreinigung verhelfe eher zu einer Einsicht in die tiefere Bedeutung des Erlittenen als zweifelndes Klagen. Je länger das Leid dauere, desto länger währe der Status menschlicher Gottimmanenz, während Geduld und Vertrauen als praktische Verhaltensformen zu empfehlen seien. Rouzati schließt aus Rūmīs Darstellungen, dass sich authentisches Muslim-Sein auf dem spirituellen Pfad durch geduldiges Gottvertrauen und durch Gottesliebe auch im Leid verwirklicht, bis hin zur inneren Zufriedenheit (*riḍā*) und zum höchsten Stadium innerer Seelenruhe (*nafs muṭmaʾinna*). Auf diese Weise vermöge der Mensch seine eigentlichen Potenziale zu verwirklichen und zum vollkommenen ‚Spiegel' der Offenbarung der göttlichen Namen und Attribute zu werden.³¹

Der zeitgenössische muslimische Theologe und Philosoph *Ahmad Milad Karimi* stellt die Frage nach Schuld und Heil, nach dem Lebenssinn trotz der „Fragili-

---

[27] Im Übrigen ist der tiefgründige Aspekt trauernder Religiosität trotz der Ambivalenz des Trauerns dem Islam und seiner Theologie auch im Allgemeinen keineswegs fern wie Mahshid Turner in seiner Studie zur muslimischen ‚Theologie der Traurigkeit (*ḥuzn*)' gezeigt hat (vgl. *Mahshid Turner*, The Muslim Theology of *ḥuzn*. Sorrow Unravelled. With a Foreword by Alparslan Açikgenç, Berlin 2018).
[28] Vgl. hierzu *Heinz Halm*, Die Schiiten, München 2005, 17–25, 39–42.
[29] Vgl. ebd., 21.
[30] Vgl. hierzu *Behram Hasanov / Agil Shirinov*, Suffering for the Sake of Cosmic Order: Twelver Shīʿah Islam's Coping with Trauma, in: Ilahiyat Studies 8 (2017), H. 1, 65–93, hier 89 ff.
[31] Vgl. zum vorangegangenen Abschnitt *Nasrin Rouzati*, Evil and Human Suffering in Islamic Thought (s. Anm. 11), 8–11.

tät des Lebens" insbesondere als eine „Frage der Religion"³². Unter der interpretativen Miteinbeziehung von aktuellen Fernsehserien propagiert Karimi den Islam entgegen einer Theologie des Mitleidens, des letzten Trostes oder der eschatologischen Versöhnung als „Religion des Lebens" mit einem dezidierten Glauben an Gott als „Gott der Gegenwart"³³. Karimi konzentriert das soteriologische Moment im Umgang mit dem Leid des zerbrechlichen Menschen auf das Gebet, und zwar auf das Gebet in seinem Vollzug als „Frage".³⁴ Das Gebet ist die Form, in welcher der Islam auch den leidenden Menschen „in den Mittelpunkt des ganzen Geschehens" stellt und die Seele zur Rührung an das Ewige befähigt.³⁵ So gilt auch im Leid der Selbstbegriff des Muslim als sehnsüchtig nach Gott Fragendem und somit zu sich selbst Zurückkehrendem, dem genau im Moment der hoffnungslosesten Stille die Gegenwart Gottes am nächsten ist.³⁶ Karimi nimmt in intensiver Weise die Botschaft des Koranverses 50:16 auf, der darauf verweist, dass Gott uns näher als die eigene Schlagader ist, wenn er von der heilsamen und versöhnenden „Übernähe" spricht, die uns im gebetsförmigen Nachvollzug der „Distanzlosigkeit" zu Gott begegnet. Zugleich unterstreicht er die auch in diesem Nachvollzug bestehende Wirklichkeit des erneuten Auf-sich-selbst-geworfen-Seins, die der betende (d. h. eben auch und ganz besonders der im Leid betende) Mensch erfährt.³⁷ Diese Gedanken binden sich – stark von Rūmī inspiriert – für Karimi an die Einsicht, dass das Gott-Mensch-Verhältnis im Islam „wesentlich bestimmt [ist] durch die Liebe".³⁸

Gerade gegen eine „Weltflucht ins Übersinnliche"³⁹ argumentiert Karimi offenbarungstheologisch, indem er die menschliche Vergänglichkeit als ausdrücklich von Gott und entsprechend von Hoffnung getragen sieht.⁴⁰ Dieses Denkmodell versteht den Menschen, auch und gerade den Menschen in seinem Schmerz, insgesamt als von der im koranischen Offenbarungswort immanent wirksamen *Präsenz* Gottes direkt angesprochen, in den Mittelpunkt gestellt und heilsam getragen.⁴¹ Karimi bringt uns hier die Idee eines „realtheistisch" begriffenen Mit-uns-Sein Gottes nahe, das alle mit unserem Endlichkeitsbewusstsein zusammenhängenden Sinnlosigkeitsängste zu überwinden vermag.⁴²

Einen der aufsehenerregendsten zeitgenössischen Entwürfe zur muslimischen Leidverarbeitung hat der deutsch-iranische Schriftsteller *Navid Kermani* in seiner

---

³² *Ahmad Milad Karimi*, Warum es Gott nicht gibt und er doch ist, Freiburg i. Br.–Basel–Wien 2018, 59.
³³ Ebd., 64.
³⁴ Vgl. ebd., 65.
³⁵ Ebd.
³⁶ Vgl. ebd., 66 f., 132.
³⁷ Vgl. ebd., 68, 179. Mystik wird dabei als lebensweltnahe Bewältigungsform aufgefasst, die sich gerade durch die Krise hindurch zu Gott erhebt; vgl. ebd., 191.
³⁸ Vgl. ebd., 77, mit Bezug auf Q 5:34.
³⁹ Ebd., 123.
⁴⁰ Ebd., 124.
⁴¹ Vgl. ebd., 130–133, 145 f.
⁴² Vgl. hierzu ebd., 172–180.

vielbeachteten Habilitationsschrift „Der Schrecken Gottes" vorgelegt.⁴³ Über eine umfassende Betrachtung sowohl jüdisch-christlicher als auch traditionell-muslimischer Zugänge zum Verhältnis von Gottesfrömmigkeit und Leidfrage hinaus präsentiert Kermani einen Gegenentwurf zum traditionellen Mainstream, indem er, vom Werk – insbesondere vom „Buch der Leiden" (pers. *Mosibatnāmeh*)⁴⁴ – des persischen Mystikers Farīd ad-Dīn ʿAṭṭār (gest. 1221) inspiriert, das Moment der dramatischen Leidklage bei gleichzeitig tiefer Frömmigkeit als islamische Umgangsform herausstellt. ʿAṭṭār lässt das Hadern mit Gott nicht durch gewöhnliche Gläubige aussprechen, sondern vornehmlich durch als solche bezeichnete „Narren" bzw. „Verrückte", die nichtsdestotrotz einen intensiven Gottesbezug aufweisen. „ʿAṭṭār – und das ist entscheidend, um das Anliegen seiner Narren und überhaupt das ,Buch der Leiden' nicht als Negation der Religion mißzuverstehen – fordert nicht zur Ketzerei auf. Er beschreibt einen spezifischen Affekt derer, die mit Gott vertraut sind: ,Wer aus Liebe zu Ihm brennt, ist rein.' […] Klage und Rebellion sind in den Glauben selbst aufgenommen, sie werden zu einem theologischen, spirituellen und – betrachtet man sie vor dem konkreten Hintergrund der mystischen Rituale – gleichsam liturgischen Motiv, wie man es aus der Hebräischen Bibel kennt."⁴⁵ Der springende Punkt an dieser Form der Leidverarbeitung besteht darin, dass alle menschliche Rede von Gott in den Modus des Postulats Seiner Wirklichkeit gesetzt wird.⁴⁶ Das bedeutet, „Gottes Gerechtigkeit gegen die Ungerechtigkeit dieser Welt einzufordern, also – kantisch gesprochen – die Wirklichkeit Gottes und damit seine authentische Selbstrechtfertigung zu postulieren, ohne sie doktrinal vorwegzunehmen."⁴⁷ Dies schließt die Protest- und Klageform als Konstitutivum der muslimisch vertretenen unaufgebbaren Liebe zu Gott

---

Weiterführende Literatur:
Navid Kermani, Der Schrecken Gottes. Attar, Hiob und die metaphysische Revolte, München 2005, bietet eingehende allgemeine Reflexionen zur muslimischen Leidverarbeitung sowie einen außergewöhnlichen mystisch inspirierten Zugang. Der Sammelband *Andreas Renz* u. a. (Hg.), Prüfung oder Preis der Freiheit? Leid und Leiderfahrungen in Christentum und Islam, Regensburg 2008, ist interreligiös angelegt und enthält neben christlichen Beiträgen eine Reihe interessanter und vielseitig orientierter muslimischer Aufsätze.
Nasrin Rouzati, Evil and Human Suffering in Islamic Thought – Toward a Mystical Theodicy, in: Religions 8 (2018), H.2, 1–13, eignet sich gut als Information zum generellen islamisch-theologischen Umgang mit der Leidfrage, geht aber auch auf spezifische Zugänge (al-Ġazālī, Rūmī) ausführlich ein.

---

⁴³ Siehe *Navid Kermani*, Der Schrecken Gottes. Attar, Hiob und die metaphysische Revolte, München 2005.
⁴⁴ Siehe als dt. Übersetzung *Farīd ad-Dīn ʿAṭṭār*, Das Buch der Leiden, Aus dem Persischen von Bernhard Meyer. Unter Mitarbeit von Nasi Shahin, Mehrdad Razi, Tahereh Matejko und Jutta Wintermann, Mit einer Einführung von Monika Gronke, München 2017.
⁴⁵ *Navid Kermani*, Der Schrecken Gottes (s. Anm. 43), 210.
⁴⁶ Vgl. hierzu in äußerst treffsicherer Deutung *Klaus von Stosch*, Herausforderung Theologie (s. Anm. 1), 97f.
⁴⁷ Ebd., 96.

mit ein und vermittelt auf diese Weise ein entschiedenes solidarisches Eintreten für den unerklärliches Leid Tragenden im Beharren auf der Liebe Gottes, die allein stärker ist als der Tod.[48]

Die hier skizzierten Herangehensweisen vermitteln offenkundig einen vornehmlich spirituell-liturgischen muslimischen Umgang mit der Leidfrage und unterstreichen somit die islamische Konstante eines selbst in größter Verzweiflung unumstößlichen Festhaltens an Gott.

5 Schlussbemerkung

Es bleibt unbestritten, dass im kernbotschaftlichen islamischen Umgang mit der Leidthematik ein unveräußerliches Postulat des vertrauenden Festhaltens an Gott im Vordergrund steht. Die durchaus bestehenden Problemreflexionen, die sich bereits seit der mittelalterlichen spekulativen Theologie ergeben haben, stellen dieses Prinzip ebenfalls nicht in Frage. Nichtsdestotrotz wirft übermäßiges Leid auch im Islam immer wieder neue Sinn- und Umgangsfragen auf, welche das Leiden nicht einfach nur hinnehmen wollen. Dies erweist sich nicht allein an existierenden Phänomenen der expliziten Leidklage, sondern auch an bewusst spirituell-liturgischen Verarbeitungsformen. Solche Bewegungen deuten bereits auf die sich von ihren eigenen Potenzialen her gestellte Aufgabe innerhalb der islamischen Kultur hin, dem Leid in der Welt aus ihrer religiös heils- und gerechtigkeitsorientierten Diktion praktisch-aktiv zu begegnen, wie beispielsweise die stets ausbaufähigen Ansprüche aufkommender muslimisch-seelsorgerlicher Initiativen, sozialer (Not-)Hilfswerke oder die lange Tradition medizinischen Engagements offenbar werden lassen. Theologisch zuträglich dürfte hier die Ausarbeitung einer islamischen „Theologie der Barmherzigkeit" wirken, da ihre theologische Botschaft qua der integrierten ausdrücklichen Forderung nach barmherzigem Handeln in der Welt einen entscheidenden pragmatischen Anspruch diesseitiger Transformationen nahelegt.[49] Schließlich verlangt die Tatsache, dass die elaboriertesten theologischen Leidtheorien oder Theodizeen den faktischen Schmerz unerträglichen Leids nicht auszuräumen vermögen, ein Bewusstsein davon, „dass die Frage nach dem ‚Sinn' des eigenen und fremden Leids [...] eine existentielle wie konkrete Aufgabe [ist], die alle Gläubigen angesichts der Faktizität und Widerständigkeit der Übel praktisch herausfordert", „[...] dem Bösen und dem Leiden entschieden entgegenzuwirken."[50] Auch die-

---

[48] Vgl. ebd., 96 ff. Diese Form des Gottespostulats erinnert nicht zuletzt an Helmut Peukerts Herleitung des Postulats göttlichen Heils als einziger theologisch-wissenschaftstheoretisch sinnvoller Antwort auf die Problematik der auch durch solidarisches Erinnern allein noch nicht erfüllten Gerechtwerdung gegenüber den Opfern der Geschichte (vgl. *Helmut Peukert*, Wissenschaftstheorie – Handlungstheorie – Fundamentale Theologie. Analysen zu Ansatz und Status theologischer Theoriebildung, Düsseldorf ²1988, 300–310, 342).

[49] S. hierzu vornehmlich *Mouhanad Khorchide*, Islam ist Barmherzigkeit. Grundzüge einer modernen Religion, Freiburg i. Br.–Basel–Wien 2012; *ders.*, Gottes Offenbarung in Menschenwort. Der Koran im Licht der Barmherzigkeit, Freiburg i. Br.–Basel–Wien 2018. Zur theologischen Bedingung diesseitiger Transformation in der Leiddebatte vgl. z.B. *Klaus von Stosch*, Herausforderung Theologie (s. Anm. 1), 89.

[50] *Jameleddine Ben Abdeljelil/Anja Middelbeck-Varwick*, Gerecht und barmherzig? (s. Anm. 2), 164.

ses pragmatische Bewusstsein stößt in seiner erstrebten Handlungskonsequenz erfahrungsgemäß immer wieder an Grenzen, weshalb die muslimisch postulierte Unumstößlichkeit menschlichen Gottvertrauens mit dem Bewusstsein von einer nur durch Gott möglichen letzten Heils- und Erlösungswirklichkeit als äußerster sinnvoller Antwort auch auf das unerträglichste Leid hermeneutisch einsichtig korreliert.

Der Autor: *Darius Asghar-Zadeh, Dr. phil., geb. 1982, studierte Katholische Theologie, Islamkunde und Anglistik, promovierte in Komparativer Theologie und ist Post-Doc-Wissenschaftler am Zentrum für Islamische Theologie (ZIT) der Westfälischen Wilhelms-Universität Münster sowie Habilitand am Institut für Katholische Theologie der Universität Paderborn. Publikationen in Auswahl: Menschsein im Angesicht des Absoluten. Theologische Anthropologie in der Perspektive christlich-muslimischer Komparativer Theologie, Paderborn 2017; Arabisch-islamische Philosophie: Ibn Sīnā, al-Ġazālī und Ibn Rušd, in: Martin Breul / Aaron Langenfeld, Kleine Philosophiegeschichte. Eine Einführung für das Theologiestudium, Paderborn 2017, 54–66; Zur Möglichkeit eines gemeinsamen theologischen Sprechens von Christen und Muslimen. Konturen interreligiöser Theoriebildung, in: CIBEDO-Beiträge 3 (2019), 128–135.*

Anne Koch

Wie wird Leid in alternativen Religionsformen thematisiert?

◆ Die Autorin untersucht anhand einiger einschlägiger Printmedien und Internetportale, in welcher Form sich alternative Religionsformen mit Leid auseinandersetzen. Ihre Diagnose lautet recht klar: „Fehlanzeige". Zwar zeigen die beispielhaften Darstellungen der ausgewählten Angebote durchaus Motive der Auseinandersetzung mit dem Phänomen des Leidens. Gegen die verbreitete funktionale Definition des Religionsbegriffs, der als Kriterium unter anderem die Bewältigung von Leid einschließt, lautet das Resümee des Beitrags aber insgesamt, dass das Thema Leid „im untersuchten kleinen Segment alternativer Religion das ‚Verschwiegene' des Diskurses" sei. (Redaktion)

Wer nach dem Thema Leid in derzeitigen Angeboten zu Veranstaltungen, Dienstleistungen und in Publikationen alternativer Religionsformen[1] sucht, wird rasch feststellen: Fehlanzeige. Das Thema ist abwesend. Das ganze Themenfeld von Trauer, Verlust, Scheitern, Leiden, Altern, Sterben wird zumindest in diesen Worten und ausdrücklichen Benennungen nicht angegangen. Selbstverständlich richten sich viele Praktiken darauf, Leid in Form von Krankheit, Unsicherheit, Belastungen und vielem mehr zu beheben –, doch auf der Sprachebene taucht dieser Hintergrund nicht auf. Das ist erklärungsbedürftig. Ebenso hat sich die Religionswissenschaft in den letzten Jahrzehnten wenig über die angesprochenen Themen dem Phänomenfeld alternativer Religionsformen genähert. Ich beginne mit dem letzteren, definiere dann einen Ausschnitt alternativer Religionsformen, den ich hierauf anhand von Quellen analysieren werde.

1 Ein blinder Fleck religionswissenschaftlicher Forschung

Von religionswissenschaftlicher Seite ging es bei alternativen Religionsformen bislang sehr schnell und intensiv eher um die sozio-kulturellen und konzeptionellen Zusammenhänge, als dass die Lehren und ‚Glaubensüberzeugungen' dargelegt worden wären, zu denen Ansichten über das Leid und Leiden gehörten. Dieses Fehlen von inhaltlich orientierten Arbeiten mag zum einen damit zusammenhängen, dass es zunächst die neuen Sozialformen seit den „langen 1960er-Jahren"[2] waren, die re-

---

[1] „Alternative Religionsformen" meint das breite und oft lose organisierte Spektrum außerhalb der christlichen Kirchen, der muslimischen und jüdischen Verbände, s. Punkt 2.
[2] *Peter Bräunlein,* „Die langen 1960er Jahre", in: *Peter Dinzelbacher,* Handbuch der Religionsgeschichte im deutschsprachigen Raum. Band 6/1: 20. Jahrhundert – Religiöse Positionen und soziale Formationen, Paderborn 2015, 175–220.

ligionssoziologisch an ihnen wahrgenommen wurden.³ Sodann wurde und wird kulturwissenschaftliches und religionswissenschaftliches Selbstverständnis sehr stark konzeptionell ausgetragen: über „critical terms"⁴, „key terms"⁵, die Entwicklung eines „vocabulary"⁶. Zu diesen zählen zum Beispiel Begriffe wie Territorium, Körper, Medien, Erinnerung, Geschlecht, Identität, Person, Relikt, Opfer, Wert, Transformation oder Schreiben, während eben ‚inhaltliche' Konzepte wie Leiden, Hoffen, Gnade oder Schuld kaum zu finden sind.⁷ Die interdisziplinäre Ausdifferenzierung der Kulturwissenschaften tat ein Übriges, um diese Form der Zusammenarbeit über Schlüsselkonzepte als geeignete Arbeitsform erscheinen zu lassen.⁸ In dieser Annäherung an ‚Religion' ging es mehr darum, ein postkolonial belastbares Grundvokabular zu entwickeln, das nicht einfach „abendländischer" oder „westlicher" Ideen- und Geistesgeschichte entstammt. Stattdessen seien Traditionsbestände auf der Grundlage von translationswissenschaftlichen und komparatistischen Errungenschaften vergleichend zu erschließen. Dazu zählt, dass der Austausch als Diskurs gesehen wird, an dem beide Seiten mitwirken und Bezeichnungen ihre Bedeutung verändern, wenn sie aufgegriffen werden. Bei allen unterschiedlichen Methoden und Modellen mit ihren teils inkompatiblen Axiomen war so zumindest ein gemeinsames Gesprächsthema abgesteckt. Dabei blieb eines auf der Strecke: die historische und vor allem inhaltliche Rekonstruktion der Gruppierungen: Was genau sind eigentlich die Glaubensüberzeugungen? Es scheint, als traue man diesen nicht zu, wirklich relevant für das Innenleben dieser Gruppierungen zu sein. Als wären soziokulturelle Faktoren viel stärker entscheidend für die Transformationsdynamik von Organisationen. Freilich gibt es einige Ausnahmen im Bereich alternativer Religion, etwa die historische Perspektivierung von Esoterik und Schamanismus durch Kocku von Stuckrad⁹ oder des Neopaganismus durch Ronald E. Hutton¹⁰. Auch jüngst sind einige interessante Werke entstanden, beispielsweise zum Neo-Kabbalah Centre in Berlin¹¹ und

---

3 *Markus Hero*, Die neuen Formen des religiösen Lebens. Eine institutionentheoretische Analyse neuer Religiosität, Würzburg 2010.
4 *Mark C. Taylor* (Hg.), Critical Terms for Religious Studies, Chicago–London 1998.
5 *David Morgan* (Hg.), Key Words in Religion, Media and Culture, New York 2008.
6 *Robert Segal / Kocku von Stuckrad* (Hg.), Vocabulary for the Study of Religion I–III, Leiden 2015, zugleich online: https://referenceworks.brillonline.com/browse/vocabulary-for-the-study-of-religion [Abruf: 24.11.2019].
7 *Jason B. Bivins*, „Belief", in: *Steven Engler / Michael Stausberg* (Hg.), The Oxford Handbook of the Study of Religion, Oxford 2016, 495–509, hier 503.
8 *Alexandra Grieser*, „Perspektivität als Arbeitsform: Ein Beitrag der Religionswissenschaft zur Bearbeitung komplexer Gegenstände, zur Plausibilität von Religion und Wissenschaft und den Rhetoriken der Genetik", in: *Thomas Meier / Petra Tillessen* (Hg.), Über die Grenzen und zwischen den Disziplinen. Fächerübergreifende Zusammenarbeit im Forschungsfeld historischer Mensch-Umwelt-Beziehungen, Budapest 2011, 159–178.
9 *Kocku von Stuckrad*, Schamanismus und Esoterik: Kultur- und wissenschaftsgeschichtliche Betrachtungen (Gnostica: Texts and Interpretations 4), Leuven 2003.
10 *Ronald E. Hutton*, Pagan Britain, London 2013.
11 *Nicole Maria Bauer*, Kabbala und religiöse Identität. Eine religionswissenschaftliche Analyse des deutschsprachigen Kabbalah Centre, Bielefeld 2017.

zur Szene des Heavy bzw. Pagan Metal[12] –, um nur einige wenige zu nennen. Andere sehen aus wie eine Geschichte des globalen Reiki.

2 „Alternative Religionsformen"

Zusätzlich zu diesem auszumachenden Vakuum in Bezug auf eine deutlicher inhaltliche Beschäftigung liegt die zweite Schwierigkeit in der Abgrenzung eines so stark sich wandelnden und heterogenen Feldes wie dem der „alternativen Religion".[13] Dieses Feld wird nicht selten als „Resterampe" angesehen für das gesamte Spektrum neben den christlichen Kirchen und ähnlich lange in der europäischen Religionsgeschichte eingeführten Religionsgruppen. Waren es vor allem transkulturelle Religionsformen aus afrikanischen, melanesischen, sibirischen oder südostasiatischen Traditionen, die im Gefolge der ersten Moderne aufgegriffen wurden, so sind es heute zunehmend – und in institutionalisierter Vielfalt dann vor allem im Gefolge der zweiten Moderne – auch gänzlich neue mediale Formate wie digitale Religion, Öko-Spiritualität im Sinne von green religion und dark green religion[14], sowie das Feld von non-religion bzw. non/un-believing und schließlich sogenannte Säkularismen, also aus begrifflichen Übernahmen aus Naturwissenschaften wie Quantenphysik, Medizin und Psychologie abgeleitete Weltanschauungen[15]. Bei letzterem denke man etwa an Energiemedizin, Quanten- oder Neurotheologie, Bioenergetik, Theralogie. Für den Bereich der komplementären und alternativen Medizin habe ich einmal versucht, Sortierungen zu erarbeiten, um Übersicht zu schaffen im Bereich der alternativen Religionsformen, und bin dabei bereits auf umstrittene Begriffsfelder gestoßen („komplementär" versus „alternativ" zum Beispiel) und auf etliche Möglichkeiten, diese fast ausnahmslos hybriden Formen nach religionsgeschichtlichen Hintergründen oder nach Art der Handlungsformen zu ordnen.[16]

Dieser Aufsatz kann also auch nur erneut leisten, einen verschwindend kleinen Ausschnitt inhaltlich im Bezug auf den Umgang mit Leid und Leiden zu analysieren, und zwar einen geringfügigen Ausschnitt sowohl historisch als auch im Quellenmaterial einer bestimmten Strömung, die ich annäherungsweise regionalen spirituellen Dienstleistungsmarkt nennen würde. Damit knüpfe ich an die Arbeit von Markus Hero[17] zum spirituellen Dienstleistungsmarkt als Konzept und als historisches Feld der ersten Dekade dieses Jahrhunderts im Ruhrgebiet/D an sowie an meine religionsökonomischen Ausführungen dazu, in denen weitere Dynamiken

---

[12] *Serina Heinen*, ‚Odin rules'. Religion, Medien und Musik im Pagan Metal (Religion und Medien 3), Bielefeld 2017.
[13] *Christoph Wagenseil*, „Esoterik und alternative Spiritualität von A bis Z", in: Remid. Religionswissenschaftlicher Medien- und Informationsdienst, Marburg (23.09.2017), https://www.remid.de/blog/2017/09/esoterik-und-alternative-spiritualitaet-von-a-bis-z/ [Abruf: 24.07.2019].
[14] *Bron Taylor*, „Earth and Nature-Based Spirituality: From Deep Ecology to Radical Environmentalism", in: Religion 31/2 (2001), 175–193.
[15] *Stefan Binder / Anne Koch*, „Holistic Medicine between Religion and Science. A Secularist Construction of Spiritual Healing in Medical Literature", in: Journal of Religion in Europe 6 (2013), H. 1, 1–34.
[16] *Anne Koch*, Religionsökonomie. Eine Einführung, Stuttgart 2014.
[17] *Markus Hero*, Die neuen Formen des religiösen Lebens (s. Anm. 2).

dieses Partialmarktes in ihren Folgen für die inhaltliche Konturierung der Anbieter herausgearbeitet werden.[18] Unter dem ausgewählten Segment, das einen Eindruck und Überblick zum spirituellen Dienstleistungsmarkt verschaffen soll, wähle ich typische Intermediäre, wie die neue Institutionenökonomie sie nennt. Intermediäre sind etwa „Portale" zu bestimmten Bereichen im Internet,[19] die Angebote sammeln und Diskussionsforen, Veranstaltungskalender und Ähnliches zur Verfügung stellen, das sind Messen (wie etwa die Esoterik-,[20] Yoga-, Ayurvedamessen) als auch regionale (print und online) Veranstaltungsmagazine zu „alternativen Religionsformen".[21] Eine Übersichtsinternetseite des TV-Moderators von Mystica zu Zeitschriften kann einen guten Eindruck davon geben, wie divers die Angebote, Anbieter/innen und religionsgeschichtlichen Anknüpfungen sind, die darunter auf Objektebene zusammengefasst werden.[22]

3 Leid als Thema in alternativ-religiösen Portalen

Ausgewählt werden hier lediglich fünf deutschsprachige, regionale Intermediäre aus Bayern und Österreich –, alle zugleich Print-Anzeigemagazine und Internetportale,[23] nämlich *Kraftquelle* für „Berchtesgadener Land & Salzburg mit Umland" im Zeitraum 2017–2018, *Prisma*/*vivita* für Bayern, dann *Ursache\Wirkung* mit Schwerpunkt auf 2019, *vita-leben.at* sowie *Bewusst Sein*. Sie sind werbeanzeigen- bzw. inseratfinanziert, liegen in Biofachmärkten, manchen Yogastudios und alternativen Einrichtungen kostenlos auf, können gegen eine geringe Gebühr meist auch im Print abonniert werden und finden sich inzwischen auch online, teils zum PDF-Download.

3.1 Das Thema Leid in *Kraftquelle*

Hier ergibt sich als erste Schwierigkeit für eine Recherche zum Thema Leid in *Kraftquelle*, dass dieses Stichwort erst gar keine emische Unterkategorie des Magazins ist, die nämlich bezeichnenderweise lauten: Ayurveda, Bewusstsein, Ernährung, Frauen, Gedichte & Zitate, Gesundheit, Herzensentdeckungen, Interview, Kräuterwissen, Lebensfragen, Lebensweg, Musik – Stimme – Tanz, Psychologie, Spiritualität, Sexualität & Partnerschaft, Tantra, Wege der Heilung, Weiblichkeit.[24] Eine Seitensuche ergibt keinen Treffer zu „Leid" in den Titeln (insgesamt 119, davon einige

---

[18] *Anne Koch*, Religionsökonomie (s. Anm. 15).
[19] Zum Beispiel die Seite http://www.enjoyliving.at, Geist & Seele, Spiritualität und dort die drei Kategorien Meditation, Riten & Rituale, Esoterik, http://www.enjoyliving.at/geist-und-seele-magazin/spiritualitaet.html, hier etwa auch ein Beitrag zu Tod und Trauer: http://www.enjoyliving.at/geist-und-seele-magazin/spiritualitaet/meditation/das-individuelle-grab-ort-der-erinnerung-und-des-innehaltens.html [beide Abruf: 24.11.2019].
[20] Zum Beispiel die Messe Spiritualität & Heilen in Wien, März 2020, https://www.messeninfo.de/SPIRITUALITAeT-Heilen-M804/Wien.html [Abruf: 24.11.2019].
[21] Überblick siehe https://secret-wiki.de/wiki/Spirituelle_Zeitschriften [Abruf: 24.11.2019].
[22] https://www.mystica.tv/rezensionen/zeitschriften/ [Abruf: 24.11.2019].
[23] Es gibt hier selbstverständlich noch viel mehr wie Lebenswege Magazin. Ökologie, Ganzheitliche Heilweisen, Kreativität, neues Bewusstsein: http://www.lebenswege-magazin.de (bis Ende 2018), s. a. speziell zu Gesundheit: https://www.wogibtes.info/rubrik/758917/Alternativ/.
[24] https://www.kraftquelle-bgl.de/artikel/ [Abruf: 28.10.2019; mit Heft 11 wird das Magazin ab September 2019 eingestellt.]

Titel mehrfach einsortiert, bereinigt sind es noch ca. 80) quer durch alle Kategorien. „Kraft/-quelle" (13mal) und „heilen/heilsam" (9mal) hingegen kommen sehr häufig vor. Leid muss somit über eine zweite Ebene von Konzepten erschlossen werden. In die engere Wahl kommen hier „heilen", insofern es eine Ursache impliziert, von der zu heilen ist, und ein Beitrag zu Trauer. Angesprochen wird sehr häufig Krankheit und zwar in einem holistischen, also körperlich-psychischen Verständnis, da ein Schwerpunkt des Magazins auf Ayurveda, ayurvedische Medizin und Projekte erkennbar ist.

In der Unterkategorie „Lebensfragen" findet sich ein Beitrag „Der Trauer begegnen"[25] der Trauerbegleiterin Jutta Groß-Reichl. Leid wird als „Trauer" und „Schmerz" in der breiten Veranlassung durch „Trennung, Tod, Krankheit und noch vieles mehr" implizit thematisiert. Im Umgang wird stark gemacht, dass es Mutes bedürfe, dieses Gefühl des/der anderen zuzulassen und dem Prozess des Trauerns einen Raum zu geben. Positiv hervorgehoben wird, dass der Schmerz „immer ein individuelles Erleben ist"! Es wird nicht wirklich ausgeführt, weshalb das so anzuführen ist, ob es die Chance bedeutet oder den Gewinn, sich zu spüren oder zu wandeln, sei daher dahingestellt.

Aufschlussreich ist ein Beitrag über „Das innere Kind – Kraftquelle oder emotionaler Zerstörer?"[26], in dem in einem sehr eng gefassten Kausaldenken spätere Persönlichkeitsmerkmale über das emotionale Erleben während Schwangerschaft und Geburt erklärt werden, vermittelt über die Produktion von körpereigenen Stoffen wie Adrenalin. Ob jemand „später" ein problem- oder lösungsorientierter Mensch sein wird, werde dort bereits begründet. Leid wird hier wiederum nur implizit in einem biologisch-psychologistischen Verständnis auf eine frühe Abhängigkeit rückgeführt. Ein Zellgedächtnis und ein Gedächtnis im „limbischen System" werden eingeführt – als Übersetzung von „Unterbewusstsein", um zu erklären, wo spätere „Muster, Glaubenssätze und Prägungen, unsere Vermeider, Ängste, Sorgen, Zweifel" abgelegt werden und woher ihre hohe Wirksamkeit rührt.

Bei allen diesen sehr kurzen Beiträgen von einer knappen Seite steht am Ende ein Link zu einem Angebot (Buch, Coaching, Produkt, Charity, Therapie, Praktik, Ernährungsberatung usw.). Die Texte sind daher in ihrer Pragmatik als werbende Texte wahrzunehmen, die sich in der Gattung des Zeitschriftenbeitrages verstecken. Das Anzeigenbanner am rechten Seitenrand ist typisch für Portale.

3.2 Das Thema Leid in *Prisma/vivita*

Prisma. Magazin für Bewusstsein und Lebensfreude[27], seit Dezember 2017 *vivita.® Das Lebensfreude-Magazin*, ist eine regionale Portalzeitschrift zu spirituellen und ganzheitlich-gesundheitlichen Themen.[28] Das Suchergebnis zu „Leid" verzeichnet fünfzig Treffer, allerdings fast ausschließ-

---

[25] *Jutta Groß-Reichl*, Der Trauer begegnen. Artikel vom 22.02.2017, https://www.kraftquelle-bgl.de/trauer-grossreichl/ [Abruf: 28.10.2018].
[26] Artikel vom 05.02.2017 von *Susanne Moser* und *Brigitte Duft*, https://www.kraftquelle-bgl.de/innere-kind-moser-duft/ [Abruf: 28.10.2018].
[27] Seit 1997 erschienen 124 Ausgaben.
[28] https://www.vivitamagazin.de/index.php [Abruf: 24.11.2019], Ausgaben für Franken und Südbayern/Schwaben inklusive Eventguide.

lich zu „leider". Als Leiden sind bekannt das tägliche Leiden an der „Gedankenflut" („Stoppt das Gedankenkarussell"), chronische Leiden (die als Folge von Hormonausschüttungen aufgrund falscher Gedanken dem einzelnen zugeschrieben werden), die Frage „Warum ausgerechnet ich?"[29] Letztere wird zunächst angesichts eines personalen Gottes formuliert und dann über die Ablehnung von (christlichen) Sündenvorstellungen übergeleitet zum karmischen Zusammenhang, unter dem die Dinge schon Sinn machten, wie sie passieren. Hier, wie in anderen Beiträgen, werden als individualpsychische Ursachen für Leiden Gier, Hass und Egoismus angeführt, fast schon formelhaft, und Achtsamkeit als probates Gegenmittel.

3.3 Das Thema Leid in *Ursache\Wirkung*

Das in Wien herausgegebene Heft und Internetportal „Ursache\Wirkung" behandelt als einziges unabhängiges Magazin im deutschsprachigen Raum relevante Themen in den Bereichen Gesellschaft, Gesundheit, Spiritualität, Ökologie, Kultur und Politik aus buddhistischer Sicht. Gründer und Herausgeber ist Univ.-Prof. Dr. Peter Riedl[30]. Nachdem die Einsicht in Leben als Leiden, die Ursachen des Leidens und der Weg aus dem Leiden zu den zentralen vier edlen Wahrheiten im Buddhismus gehören, ist zu erwarten, dass in dieser Quelle Leid eine zentrale Rolle einnimmt. Buddhistische Lehre und angewandte Weltsicht spielen sich zwar nicht im alternativ-religiösen Segment ab –, doch zeigen die Beiträge eine große Nähe zum gesellschaftlichen Therapiediskurs.[31] Für 2019 erscheinen bislang drei Beiträge zum Leiden (zwei im Segment Spiritualität, einer in Leben), 2018 war es keiner, 2017 zwei Beiträge, 2016 einer in BLOG, wobei dort nur kurz die vier edlen Wahrheiten erläutert werden unter der Überschrift Leiden und Lieben. Im ersten Beitrag „Leid und andere Gefühle" (15.01.2019), vom „Kräuterdoktor" (so ist es unterschrieben) Georg Weidinger, schildert der Autor aus der vernachlässigenden Atmosphäre seines Elternhauses und seiner Kindheit, die ihn Traumwelten hat aufsuchen lassen. Der zweite Beitrag „Ich suche die Leidfreiheit" (25.02.2019) ist ein Interview von Christina Riedl mit dem österreichischen Psychotherapeuten und Meditationslehrer Christoph Köck über Vipassana Meditation. Diese Einsichtsmeditation könne helfen, „leidbringende Muster auf(zu)heben". Auf die Frage, ob das Ziel der eigenen Leidfreiheit nicht dem Mitgefühl für andere im Wege stehe, wird geantwortet, dass erst Raum für andere entstehe, wenn man nicht mit eigenen Problemen beschäftigt sei. Was genau Leid sei, wird nicht thematisiert, eher, dass „Bewusstsein und Achtsamsein" hilfreiche Haltungen im Alltag darstellen. „Woran die Menschen wirklich leiden" (12.07.2019) von Paul Köppler ist eine Einführung in die buddhistische Lehre. Als Wege aus dem „innerlichen" und dem „gewöhnlichen" Leiden werden das Umdeuten der Situation, die Akzeptanz von Situationen und ein Sich-Entkoppeln von Situationen angeführt. In allen Texten ist markant, wie Leid in einem psychohygienischen Interpretationsrahmen behan-

---

[29] O. Autor, vivita 120/2018, https://www.vivitamagazin.de/index.php/gluecklich-leben/item/warum-ausgerechnet-ich [Abruf: 24.11.2019].

[30] https://www.ursachewirkung.at/impressum [Abruf: 24.11.2019].

[31] Bei aller Diskussionswürdigkeit von Abgrenzungen wie ‚moderner westlicher Buddhismus', ‚modernistischer Buddhismus', ‚alternativ-religiöser Buddhismus', ‚Achtsamkeit'.

delt wird und Achtsamkeit als Schlüssel gesehen wird, und damit eventuell auch instrumentalisiert ist, um die Wahrnehmung von Welt zu verändern. Sich um andere zu kümmern wird als universales menschliches Grundbedürfnis gesehen, so dass Leid nicht ausdrücklich mit ethischen Handlungsregeln verknüpft wird.

3.4 Das Thema Leid in *vita-leben.at*

„VITA möchte seine Leserschaft mit den Themenschwerpunkten Mindstyle, Psychologie & Sinnsuche, Yoga & In Balance, persönliche Entfaltung, Wohlbefinden & Gesundheit u.v.m. dazu anregen, das Schöne und Wahrhafte im Leben (wieder) zu entdecken. […] VITA – für alle Frauen (und Männer) zw. 30 und 60 Jahren, die … auf der Suche sind nach inneren Werten und Freude haben an persönlicher Entwicklung … Wert auf einen bewussten, positiven & gesunden Lebensstil legen … sich für Spiritualität und Weisheit interessieren, ganz ohne ‚Hokuspokus'."[32]

VITA verortet sich im alternativ-religiösen und Lifestyle-Segment in den Kategorien Ayurveda, Cannabis/CBD, Mindstyle, Gesundheit, Beauty, Astrologie/Horoskop. Eine Seitensuche nach Leid bleibt ergebnislos. Die Werbeanzeigen und Teilnehmerschaft beim Amazon Partnerprogramm weisen ein hohes kommerzielles Interesse auf. Das hat Auswirkungen auf die ‚Artikel', die oft produktausgerichtet sind und die Trends der Segmente widerspiegeln. Wie bereits in *Kraftquelle* werden Themen von Depression bis Krankheit über Handlungsmöglichkeiten zu ihrer Lösung oder des Umgangs mit ihnen angegangen. Eine kleine Glosse über Glück und die Frage, inwiefern es machbar sei und wie es sich zu Unglück verhalte, kommt zu dem Schluss, dass ein Eintauchen in „Freude" noch jenseits des Glücks liege, da letzteres nur Kehrseite des Unglücks sein könne, und sakralisiert daraufhin Freude „als eine erhöhte Schwingungsfrequenz im Körper, verändertes Bewusstsein, mehr Licht im eigenen Wesen" und: „Gelebte Spiritualität ist Freude. Denn Freude erlebe ich als etwas Göttliches."[33]

3.5 Das Thema Leid in *Bewusst Sein*

Online und Print-Ausgabe von *Bewusst Sein. Metaphysik, Sinnsuche und die energetischen Dimensionen des Lebens* werden vom Wiener Verein Arbeitskreis für Metaphysik nach eigenen Angaben seit 1983 herausgegeben, die darin die Verbreitung „metaphysischen Wissens" sehen.[34] Die Befunde von oben wiederholen sich mit Blick auf die fünf Hefte von 2019: „unruhige Seelen" erfahren, wie sie Frieden finden, es findet sich ein Buchauszug, wie Depression und Burnout „losgeworden" werden können, Lebenskraft und -energie sind auch hier die Schlüsselwörter.

4 Fazit

Die Analyse eines Samples auf der Grundlage der Entscheidung, Intermediäre in Print und online Portalen am derzeitigen spirituellen Dienstleistungsmarkt zu untersuchen, kommt zu einem deutlichen Ergebnis: Leid ist im untersuchten kleinen Segment alternativer Religion das „Ver-

---

[32] http://www.vita-leben.at [Abruf: 24.11.2019], im Impressum erscheint: Franz Grössler, Einzelunternehmen / Freies Gewerbe, Elsterweg 1, 8431 Gralla, Österreich.
[33] *Daniela Hutter*, https://vita-leben.at/2019/03/19/tennis-match-go-federer/ [Abruf: 24.11.2019].
[34] Impressum 2019, http://bewusst-sein.net [Abruf: 24.11.2019].

schwiegene"³⁵ des Diskurses. Im semantischen Feld finden sich höchstens Krankheiten, Stress und Unglück und sehr stark die Gegenbegriffe von Kraftquelle, Lebensfreude und Glück. Leid wird veralltäglicht und entkolossalisiert zu Gedankenkarussell, Frühjahrsmüdigkeit und selbstgemachtem Stress.³⁶ Trauer ist „individuelles Erleben", die Themen werden alle für einzelne als AdressatInnen angegangen. Gesellschaft und gegenwärtige Kultur erscheinen nur schemenhaft unter wenig positiven Vorzeichen als schnelllebig, anspruchsvolle Arbeitswelten und belastete chemische Substanzen. Statt der großen Theodizee und eines kosmischen Leides finden sich individuelle Hindernisse auf dem Weg des Selbst zu sich. Lösungen von Lebensproblemen werden in einem Amalgam aus biochemischen Erklärungen für Zustände und einer Populärpsychologie angeboten, denen gemein ist, dass sie leidvolle Zustände in ihrem Modell einsinnig erklären. Das Metaphysische des Leidens und seiner Ursachen, die kollektive Struktur und Einbindung der Menschheit in Leiden scheint außer in der buddhistisch geprägten Quelle in den Sampeln nicht auf.³⁷ Die Ergebnisse sind natürlich im Zusammenhang der untersuchten Quellenart zu deuten, wodurch sich die überdeutliche Abwesenheit des Themas zumindest etwas relativiert. Es ist ein Dienstleistungsmarkt, der mit positiven Bildern und Emotionen Produkte bewerben möchte und dabei der Werbepsychologie folgt. Das „Leiden der anderen" (Susan Sonntag) und das Leiden der Kreatur, der Tiere oder wenigstens der heimischen Bienen, stehen dabei im Wege.

Ein wesentlicher Hintergrund für diesen Grundton ist die positive Psychologie³⁸, die in alternativen Religionsformen popularisiert wird. Aus Erkenntnissen zu psychologischen Vorgängen wie der selbsterfüllenden Prophezeiung, zur Wirksamkeit von (Auto)suggestion und positiven Bildern werden diese Zugänge, die auf Ressourcen, Resilienz und Transformation orientiert sind, favorisiert. Positive Emotionen wie Hoffnung, Dank, Geliebtsein spielen empirisch vielfach belegt für die spirituelle Entwicklung, fürs Wohlbefinden und den Selbstwert eine essenzielle Rolle,³⁹ wobei das Wachsen an der Krise

Weiterführende Literatur:
Franz Höllinger / Thomas Tripold, Ganzheitliches Leben. Das holistische Milieu zwischen neuer Spiritualität und postmoderner Wellness-Kultur (Kulturen der Gesellschaft 5), Bielefeld 2012. Der Titel spricht das sich wandelnde Feld, das die beiden Grazer Religionssoziologen in klarer und aufschlussreicher Weise behandeln, bereits an!

---

[35] *Michel Foucault*, Die Ordnung des Diskurses, Frankfurt a. Main 1993 (Erstausgabe 1972).
[36] *Timo Heimerdinger / Anne Koch*, „Es guckt und blinkt. Der Versandkatalog ‚Die moderne Hausfrau' als Versprechen auf Problemlösung und Lebensfreude", in: Zeitschrift für Volkskunde 115 (2019), H. 2, 216–237.
[37] Das war und ist zum Teil anders, wenn in New Age oder früherem Ayurveda die kosmische Einbindung des Bewusstseins ein wichtiges Theorieelement ist.
[38] *Lisa J. Miller* (Hg.), Part Seven: Positive Psychology and Spirituality, in: The Oxford Handbook of Psychology and Spirituality, Oxford 2012.
[39] *James M. Day*, Religion, Spirituality and Positive Psychology, in: Journal of Adult Development 17 (2010), 215–229, hier 216 (DOI 10.1007/s10804-009-9086-7).

eine ebenso wichtige Funktion hat.[40] Aufgrund des starken Bedürfnisses nach Erklärung und Weltverstehen – ausagiert in einem im hohen Maße komplexitätsreduzierenden Sinne in alternativen Religionsformen – sowie der Sehnsucht nach eigener Bedeutsamkeit und eines Lebenssinns gewinnt die Aktivierung positiver Semantik Oberhand.

Die Autorin: Anne Koch, Religionswissenschaftlerin, Forschungsprofessur Interreligiosität an der Pädagogischen Hochschule der Diözese Linz; Forschungsschwerpunkte: zeitgenössische Religion, religiös-weltanschaulicher Pluralismus, Religionsästhetik; Publikationen: zusammen mit K. Wilkens (Hg.), Bloomsbury Handbook of Cognitive and Cultural Aesthetics of Religion (HCCAR), London u. a. 2019; Religionsökonomie. Eine Einführung (Religionswissenschaft heute 10), Stuttgart 2014; zus. mit Petra Tillessen / Katharina Wilkens, Religionskompetenz. Praxishandbuch im multikulturellen Feld der Gegenwart, Münster 2013.

---

[40] Cristal Park, The Psychology of Religion and Positive Psychology, in: Psychology of Religion Newsletter. American Psychological Association Division 36 28/4 (2003), 1–8, hier: 6f.

Partnerschaft und Ehe heute

Julia Knop
BEZIEHUNGSWEISE
Theologie der Ehe, Partnerschaft und Familie

Welche Ressourcen aus Bibel und Tradition, Lehre und Leben, Liturgie und Ökumene tragen zu einem zeitgemäßen Verständnis heutiger Lebensformen bei? Welche theologischen Entwicklungen sind nötig und an der Zeit? Das Buch führt Analysen von Ehe und Familie aus den verschiedenen theologischen Fachperspektiven zusammen.

384 S., kart., ISBN 978-3-7917-3098-1
€ (D) 29,95 / € (A) 30,80 / auch als eBook

VERLAG FRIEDRICH PUSTET VERLAG-PUSTET.DE

Christoph Gellner

Leiderfahrungen als Ort des Aufbrechens der Gottesfrage?

Erkundungen in der Gegenwartsliteratur

◆ An ausgewählten Beispielen moderner Literatur geht Christoph Gellner der Frage nach, wie Literat/inn/en sich in unserer Zeit mit Erfahrungen von Leid und Schmerz beschäftigen und welche Fragen dabei aufbrechen, welche Ängste und Hoffnungen sie reflektieren und welche Worte sie für das oft nur schwer Sagbare in ihren literarischen Darstellungen finden. Der Beitrag zeigt, wie Autor/inn/en Leid und Gott miteinander in Beziehung setzen, mit der Theodizeeproblematik ringen und sich anklagend-rebellisch, distanziert, ja mitunter sogar humorvoll mit ihrem eigenen Gottesbild und ihrer Spiritualität angesichts der Verwundbarkeit und Begrenztheit des Lebens auseinandersetzen. (Redaktion)

„Schmerzen sind, wer auch immer etwas anderes sagt, nicht gut. Ich kann sie nicht verwenden. Manche können das. Bei mir aber, Herr, könntest du dir das sparen", heißt es in *Péter Esterházys* Tagebuch seiner Bauchspeicheldrüsenkrebserkrankung (ungar. Original 2016, dt. 2017). „Wozu sollten wir das Nicht-Gute in der Welt mehren?"[1] Neben dem Zwiegespräch mit der „Bauchspeicheldrüsenfee" im eigenen Inneren – wenige Monate vor seinem Tod am 14. Juli 2016 spitzt es sich zur Frage zu: „wozu, zum Teufel nochmal, [...] du bist"[2]? – drängt es den moribunden Schriftsteller immer wieder zur Zwiesprache mit Gott: „Du kannst im Wesentlichen auf mich zählen, auch wenn ich nicht mit allem in diesem deinen Leidensprojekt einverstanden bin. Unter uns gesagt, ich habe schon deine Kreuzigung als Übertreibung empfunden"[3], notiert er am 15. Juli 2015. Als Vorsatz zitiert der Romancier im August 2015 aus einer Mail Andris Viskys: „Gegenüber Gott haben wir – in Sachen körperliches Leiden – immer recht. Halte dich daran. Halte dich."[4]

Angesprochen auf die von ihm literarisch wiederholt thematisierte Theodizeefrage: „warum es in der Welt das Böse gibt, wenn es den guten Gott gibt", antwortete Esterházy in einem Interview im August 2014, „dass ich [...] einen solchen Gott nicht möchte"[5]. Angesichts der Chemotherapie will es ihm im Oktober 2015 scheinen, „als wäre der Körper nicht gut erfunden. Als Konstruktion. Mit Verlaub, Herr, kann es sein, dass Räder statt der Füße besser gewesen wären? Wir sind wieder da, bei der Zufälligkeit"[6] der Schöpfung: „Also hat sich's herausgestellt, dass es nirgends gut

---

[1] *Péter Esterházy*, Bauchspeicheldrüsentagebuch, München 2017, 85.
[2] Ebd., 235.
[3] Ebd., 49.
[4] Ebd., 96.
[5] *Marianna D. Birnbaum*, Die Flucht der Jahre. Ein Gespräch mit Péter Esterházy, München 2017, 51.
[6] Peter Esterhazy, Bauchspeicheldrüsentagebuch (s. Anm. 1), 178.

ist, und der Herr sieht dem ungerührt zu. Im Nicht-Guten zu leben, kann auch gut sein, weil leben so gut ist. Bisher habe ich so gedacht, auch jetzt denke ich so, doch manchmal fällt mir ein, was ist wenn … das Nicht-Gute sehr schlecht ist?"[7]

1 Worte für das Schwersagbare

In einer der letzten Eintragungen zieht Esterházy eine Art Resümee: „Diese Bauchspeicheldrüsengeschichte schien am Anfang eine gute Idee zu sein, sie verbesserte die Menschen, Anteilnahme, Liebe […] Rücksichtnahme […] Betroffenheit […] entfalteten sich in ihren Spuren, doch stellt sich langsam heraus, dass dies für einen einzigen Menschen zu viel ist und solche Welterlösungsprojekte […] besser dir überlassen werden sollten, Herr […] Bedenke bloß, ein Gott ohne Hoffnung, ja, der wäre tatsächlich ein hoffnungsloser Fall. Auf diesen eine Welt zu gründen lohnte sich nicht. Wobei es durchaus sein kann, dass du dir das anders vorstellst. Ich kann dir nur schwer folgen, doch nehme ich an, das sei die Ordnung der Dinge. Laudetur."[8]

Einen ganz anderen Ton schlägt dagegen der Lyriker *Robert Gernhardt* in seinem posthum erschienenen Gedichtband *Später Spagat* (2006) an. Nach den „K- [für Krankheit- bzw. Krebs-] *Gedichten*" von 2004 versuchen diese Sterbegedichte ein letztes Mal den für Gernhardts Schaffen typischen Spagat von Ernst und Spaß, um angesichts von „Blut, Scheiss und Tränen"[9] „Worte für das Schwersagbare zu finden", wie der vom Autor gezeichnete Klappentext ankündigt: „Stirbst wie nur je ein Tier? / Nimms leicht. / Tod wird durch nichts erweicht: / Siegt."[10]

Anders als *Georg Büchner*, der im Schmerz den Fels des Atheismus sah, vollzog *Heinrich Heine*, Gernhardts großes Vorbild in Sachen Witz, Spott und Komik, auf seinem Pariser Schmerzenslager das paradoxe Zugleich von Gottesbekenntnis und Gottesanklage: „Ich werde den lieben Gott, der so grausam an mir handelt, bey der Thierquälereigesellschaft verklagen"[11], lautet sein letztes Zeugnis 14 Tage vor seinem Tod. Gernhardt übernimmt lediglich die satirisch-parodistische Abrechnung mit allen religiösen Sinnfestlegungen. Der Binnenzyklus „Aus dem Lieder- und Haderbüchlein des Robert G." ruft die christliche Bilderwelt nurmehr auf, um sie zu verwerfen, etwa die Kontrafaktur eines Kirchgesangbuchlieds „Geh aus mein Herz oder Robert Gernhardt liest Paul Gerhardt während der Chemotherapie"[12]. Wenn von Gott die Rede ist, dann von einem *deus malignus*, der eine „Menschheit voll Furcht" will („Der sich das erdachte, war / furchtbar."[13]). Gehörten in der alten christlichen *ars moriendi* Gott und Teufel zu den Streitparteien am Sterbebett, wobei Gott die Oberhand behalten sollte, sind sie bei Gernhardt beide „gleich grausam"[14]:

---

[7] Ebd., 182.
[8] Ebd., 189.
[9] *Robert Gernhardt*, Später Spagat. Gedichte, München 2008, 34.
[10] Ebd., 42.
[11] *Karl-Josef Kuschel*, Gottes grausamer Spaß? Heinrich Heines Leben mit der Katastrophe, Düsseldorf 2002, 312.
[12] *Robert Gernhardt*, Später Spagat (s. Anm. 9), 17–19.
[13] Ebd., 40.
[14] *Erich Garhammer*, „Sterbegröße". Wie Literaten auf das Sterben blicken, in: Lebendige Seelsorge 68 (2017), 91.

Herrgott! Ich fiel aus deiner Hand
grad in des Teufels Krallen.
Doch hör! Der kleine Unterschied
ist mir nicht aufgefallen.[15]

Leid als Ort der Gotteserfahrung? Die Gegenwartsliteratur spiegelt ein widersprüchlich-vielstimmiges Panorama, postmetaphysische Todesdeutungen treten immer häufiger an die Stelle dezidiert antimetaphysischer Positionierungen der vorausgegangenen Jahrzehnte. Immer weniger arbeitet man sich – wie noch *Christine Lavant* in ihren zwischen geistlicher Dichtung und moderner Lyrik oszillierenden rebellischen Gebetsgedichten[16] oder *Fritz Zorn* (Pseudonym für Federico Angst) in seiner zum schockierenden Kultbuch avancierten Gottesverfluchung *Mars* (1977)[17] – emotional-polemisch an überkommenen Sinn- und Tröstungsangeboten ab. Dennoch setzen Schriftsteller/innen bis in die jüngste Gegenwart Gott und Leid aufschlussreich in Beziehung, nicht zuletzt in autobiografischen Krankheits- und Sterbenarrativen.

2 Offene Wunde Theodizee

Es war der frühe Krebstod, gegen den sein zehn Jahre jüngerer Bruder Matthias ankämpfte, bis er 1980 kurz nach bestandener Matura mit nicht einmal 21 Jahren starb, der *Thomas Hürlimann* (*1950) zum Schriftsteller machte. „Wir versuchten alle, das wegzulügen", erläutert der Schweizer Bundesratssohn. „Er sagte: Nein, jetzt heißt die Wahrheit, ich krepiere, ich verrecke [...] In dem Moment, in dem so ein Lügengebäude zusammenbricht, werden die Sätze anders."[18]

Von dieser „biographischen Tätowierung"[19] rührt Hürlimanns existenziell wie theologisch aufwühlende Auseinandersetzung mit der *Theodizeeproblematik*, die sein Œuvre wie ein roter Faden durchzieht. Das begann bereits mit seinem literarischen Debüt, dem Geschichtenband *Die Tessinerin* (1981). „Mein Bruder war tagelang, nächtelang am Verenden. Fast vier Jahre war er krank. Er wusste, dass es die Krankheit zum Tode war", verschränkt Hürlimann die Titelgeschichte einer im Dorf hinter Einsiedeln immer fremd gebliebenen, sterbenden Frau mit dem Sterben seines Bruders, das er anders nicht zu erzählen vermochte. „Sterben sei Wahnsinn. Wie ein Wahnkranker fühlte der Sterbende sich verfolgt. Alles, was er denke, träume, fühle, sehe, höre – es sei bestimmt von dieser einen, wahnsinnigen Idee: Du stirbst! Du!"[20]

Hürlimanns Roman *Der große Kater* (1998) handelt von zwei Tagen im Leben der Schweizer Bundespräsidentenfamilie und erzählt von einem politischen Alpha-Tier mit Spitznamen Kater, seiner an Gottes Vorsehung zweifelnden Gattin Marie

---

[15] *Robert Gernhardt*, Später Spagat (s. Anm. 9), 19.
[16] Vgl. *Christoph Gellner*, Schriftsteller lesen die Bibel, Darmstadt 2004, 161–174 („Vergiß dein Pfuschwerk, Schöpfer").
[17] Vgl. *Karl-Josef Kuschel*, Was macht der Krebs mit den Menschen? Literarische Spiegelungen – theologische Reflexionen, in: Stimmen der Zeit 216 (1998), 453–470; *Christoph Gellner*, „Zuviel ‚Warum' gefragt? Theodizeeempfindlichkeit im Raum der Literatur, in: *Eva-Maria Faber* (Hg.), Warum? Der Glaube vor dem Leiden, Fribourg 2003, 15–33.
[18] *Daniel Lenz / Eric Pütz*, LebensBeschreibungen. Zwanzig Gespräche mit Schriftstellern, München 2000, 110 u. 113.
[19] Ebd., 110.
[20] *Thomas Hürlimann*, Die Tessinerin. Geschichten, Frankfurt a. Main 1984, 122 f.

und ihrem dem Tod geweihten Sohn. Diesem autobiografisch gefärbten Zeitroman liegt unverkennbar die biblische Familienfiguration um Abraham zugrunde. Das vorangestellte Genesiszitat 22,1–2 („Und Gott versuchte Abraham [...]") ruft die Abgründigkeit Gottes auf, wie sie die drei Elemente der biblischen Erzählung: Sohnesopfer, Suspension der Vernunft, Moralkonflikt provozieren. Kierkegaard, auf den das zweite Romanmotto verweist, sah den geprüften gottesfürchtigen Patriarchen als prototypischen Glaubensritter. „In den Modi von Transfiguration und Tragikomik", deutet Michael Braun, „wird Hürlimanns literarische Bibelrezeption zur existentiellen Verhängnisforschung."[21]

Schon als 7-Jähriger hatte Kater der Gedanke verstört, der ihm jetzt wieder schmerzhaft ins Bewusstsein dringt: Wenn der Herrgott es zulasse, dass ein unschuldiges Kätzchen leiden muss, könne die Welt nicht gut sein. Mit der Frage nach der Verantwortung Gottes wälzte er seit seiner Jugend im Kloster Einsiedeln „einen klassischen Stein des Anstoßes. *Unde malum.* Woher kommt das Böse. Theologisch formuliert: Gott hat alles geschaffen, das Universum, unsere Welt und die Menschen. Ja, alles schuf dieser Gott [...] Maries Schönheit und den Körper meines jüngsten Sohnes. Aber kann denn Gott, der Allgütige, auch sein eigenes Gegenteil erzeugen? Oder klafft da ein Widerspruch, ein entsetzlicher Irrtum in der göttlichen Logik? Mein Sohn ist krank, auf den Tod ist er krank, und wer läßt ihn leiden, wer läßt ihn krepieren – ein allgütiger Gott? [...] Woher, wenn nicht aus Gott, kommt das Böse, das Leiden, der Tod."[22]

Im Zentrum von Hürlimanns Politthriller steht das Medienspektakel eines Staatsbesuchs in der Schweiz, hinter dem Rücken des Bundespräsidenten wird eine Intrige vorbereitet, um ihn zu Fall zu bringen. Das spanische Königspaar weilt zu einem Staatsbesuch in der Eidgenossenschaft (Hürlimanns Vater hatte 1979 tatsächlich das Amt des Bundespräsidenten inne). Geplant ist eine große Luftkampfshow in den Alpen. Für das Damenprogramm setzt Pfiff, der Chef der Sicherheitspolizei, ein langjähriger Weggefährte und Rivale des Präsidenten, eigenmächtig den Besuch eines Berner Kinderspitals aufs Programm, wo der jüngste Sohn des Präsidenten qualvoll im Sterben liegt. Der durch die vorhersehbare Weigerung der Präsidentengattin hervorgerufene Eklat, kalkuliert Pfiff, werde ihn endlich selber ins Zentrum der Macht befördern.

Nicht ganz zu Unrecht verdächtigt Marie ihren Mann, er sei „eine Art Abraham" und bereit, den eigenen Sohn auf dem „Altar der Öffentlichkeit"[23] zu opfern. Beim Galadiner zu Ehren der spanischen Monarchen provoziert sie einen Disput über die gebrechliche Einrichtung der Welt, kritisiert sie doch vor den offiziellen Gästen ihren Gatten: „die Welt meines Mannes ist von Gott geschaffen, und das heißt natürlich, dass alles, was geschieht, aus Motiven geschieht, die an sich gut sind [...] Und dieser Gott', bohrte sie weiter, ,ist wirklich und wahrhaftig ein *guter* Gott [...] Und läßt es zu, dass unschuldige Kinder qualvoll sterben? [...] Wenn der Schöpfer wirklich und wahrhaftig allgütig ist, müßte doch [...] ein Hauch seiner Güte zu fühlen sein', beharrt Marie angesichts des sinnlo-

---

[21] *Daniel Weidner* (Hg.), Handbuch Literatur und Religion, Stuttgart 2016, 200.
[22] *Thomas Hürlimann,* Der große Kater. Roman, Frankfurt a. Main 1998, 43.
[23] Ebd., 48.

sen Leidens unschuldiger Kreaturen, „seiner Güte [...] nicht seiner Grausamkeit!"[24]

Der apostolische Nuntius setzt versiert zur gängigen schultheologischen Entlastung Gottes an, der zwar als Letztursache, nicht aber als willentlicher Anstifter des Bösen zu gelten habe: „Unsere Gastgeberin ist wie viele der irrigen Ansicht, Gott sei durch die Vorsehung in unsere Taten involviert", lässt Hürlimann ihn die von Thomas von Aquin aufgebrachte Zulassungstheorie referieren. Gänzlich unsensibel biegt der Festbankettgast die schmerzlich beunruhigende religiöse Frage in eine kulinarische Frage um: „wenn ich jetzt vorher- oder voraussehe, dass man uns demnächst das Dessert serviert, so habe ich durch diese Äußerung keineswegs den Anspruch erhoben, ich, Tomaselli, hätte die zu erwartende Köstlichkeit angerichtet [...] Unserem Herrn geht es in puncto puncti nicht anders. Er weiß alles. Und sieht alles. Und zugegeben, Frau Bundespräsident, er sieht das Kommende kommen. Aber daraus abzuleiten, er habe es ausgeheckt, direkt bewirkt oder gar verschuldet, scheint mir eine unzulässige Interpretation."[25]

Nach längerer Diskussion verliert der Präsident – anders als Kierkegaards Abraham – den Glauben: „lieber Juan Carlos [...] meine Frau hat vollkommen recht. Unsere Welt ist mitnichten im Guten verwurzelt [...] wenn wir nachdenken [...] und ins Innere der Schöpfung schauen, sehen wir Leiden, überall Leiden. Nicht das Gute, das Böse ist wirkungsmächtig [...] und was uns [...] wie das Paradies erscheint, ist in Wahrheit eine Stätte des Übels, des Sterbens, des Verwesens [...] Majestät, ich bin der Vater eines Sohnes, der elend krepieren muß."[26]

Schließlich gelangt er zu der paradoxen Überzeugung, der „Große Niemand" offenbare ihm im Sterben des krebskranken Sohnes „seine Abwesenheit", gerade dadurch teile er ihm mit, „daß es ihn gibt"[27]. Wie in der biblischen Abrahamserzählung wird nicht der Sohn, sondern „ein Tier" geopfert: er selbst, der „große Kater" verhindert die mediale Ausschlachtung seines chemotherapierten Sohnes und verwehrt „den Kameraaugen des Öffentlichkeitsgottes"[28] den Zutritt zum Sterbezimmer. „Im Zenit und am Ende" tritt er von seinem Amt zurück: „Was ist der Mensch? Ein König, ein Käfer, ein Nichts", zieht „Kater Abraham" gegenüber Juan Carlos das Fazit. „Die Krone krabbelt ins Grab. Der Zenit war sein Sturz."[29]

3 Die Wunde des Leben-Wollens und Sterben-Müssens

In der stark divergierenden Art der Selbstthematisierung ihrer tödlichen Krebserkrankung halten die Tagebuchtexte von Christoph Schlingensief und Wolfgang Herrndorf eine Art Vergrößerungsglas auf deren irr- und widersinnige Unbegreiflichkeit.[30] Unter dem Joseph-Beuys-Imperativ „Wer seine Wunde zeigt, wird ge-

---

[24] Ebd., 128 f.
[25] Ebd., 130.
[26] Ebd., 183.
[27] Ebd., 185.
[28] Ebd., 214.
[29] Ebd., 198.
[30] Vgl. *Christoph Gellner*, Gebetszeugnisse in zeitgenössischen Krankheits- und Sterbenarrativen. Theologisch-literarische Erkundungen, in: *Simon Peng-Keller* (Hg.), Gebet als Resonanzereignis. Annäherungen im Horizont von Spiritual Care, Göttingen 2017, 229–250.

heilt"[31] protokolliert der Performancekünstler *Christoph Schlingensief* (1960–2010) die beschämende „Wunde des Leben-Wollens und Sterben-Müssens"[32]. *So schön wie hier kanns im Himmel gar nicht sein* (2009): Schon der Titel lässt die intensive Auseinandersetzung mit Religiös-Spirituellem anklingen: „Schafft das heutzutage überhaupt jemand, über seinen Glauben, von mir aus auch über seinen Nichtglauben zu sprechen, ohne ins Rutschen zu kommen? Meistens wird doch sowieso geschwiegen"[33], gibt sich der katholisch sozialisierte Aktionskünstler überraschend als gläubiger Christ zu erkennen. „Eins ist klar: Ich bin kein Atheist. Und ich kann jetzt auch nicht sagen, na gut, das Universum ist irgendwie so etwas Höheres. Nee, ich brauche das konkreter: Mit Maria, Jesus und Gott, mit diesen dreien, möchte ich auf alle Fälle weiterleben […] es gibt viele Wünsche, es gibt viele Ängste, es gibt viel Hoffnung. Hoffentlich beschützen die da oben mich jetzt."[34]

Seltsam genug: Mitten im „Totalcrash"[35] beschäftigen Schlingensief „diese Verbindungen zur Welt über mir", spürt er doch, „dass da in mir wieder etwas auftaucht, was ich vergraben hatte"[36]. Schlingensiefs berührendes Schmerztagebuch dokumentiert wiederholt Anläufe der Hinwendung zu Gott wie auch der Abwendung von ihm. Religions- und Gotteskritik begegnet ebenso wie ernstgemeintes religiöses Bekenntnis, ja, spirituell bewegende Erfahrungen von Trost und Behütetsein: „Vor ein paar Tagen in der Kapelle […] Da habe ich geredet, ganz leise vor mich hin geredet, obwohl niemand anderes da war. Habe gefragt, wie ich wieder Kontakt herstellen kann […] Ich bin ganz still geworden und habe hochgeguckt, da hing das Kreuz, und in dem Moment hatte ich ein warmes, wunderbares, wohliges Gefühl. Ich war plötzlich jemand, der sagt: Halt einfach die Klappe, sei still, es ist gut, es ist gut."[37] Zehn Tage später streicht Schlingensief die prekäre Resonanzlosigkeit seiner Kontaktsuche heraus: „Jesus ist trotzdem nicht da. Und Gott ist auch nicht da. Und Mutter Maria ist auch nicht da. Es ist alles ganz kalt."[38]

Angesichts des Widersinns seines tödlichen Krebsleidens konfrontiert der 47-jährige Gott mit den bedrängenden Warum-Fragen, seiner Wut und Trauer, seinem entschiedenen Protest: „Warum wird das alles jetzt kaputt gemacht? Warum? Mit wem rede ich da eigentlich? Du sagst ja doch nix."[39] Über weite Strecken spricht Schlingensief die Sprache alttestamentlicher Beschimpfungen und bringt eine vergessene, verdrängte Tradition biblischer Klage- und Anklagespiritualität ins Spiel, die viel beunruhigender, ungetrösteter und rebellischer ist als ihre kirchlich-liturgisch gezähmte Rezeption glauben macht: „Ich bin aggressiv und wütend und habe den Draht zu Jesus und zu Gott verloren. Ich kann nicht mehr beten […] das,

---

[31] *Christoph Schlingensief*, So schön wie hier kanns im Himmel gar nicht sein! Tagebuch einer Krebserkrankung, München ⁶2010, 197.
[32] Ebd., 160.
[33] Ebd., 127.
[34] Ebd., 129 u. 131.
[35] Ebd., 110.
[36] Ebd., 168 f.
[37] Ebd., 24.
[38] Ebd., 71.
[39] Ebd., 47.

lieber Gott, ist die größte Enttäuschung. Dass du ein Glückskind einfach so zertrittst […] Und all die anderen Leute, die an dich glauben, zertrittst du auch, zum Beispiel die, die nach Lourdes laufen und dennoch nicht geheilt werden. Pure Ignoranz ist das."[40]

Das macht die verstörende Faszination dieses Krebstagebuchs aus, die leid-, schmerz- und theodizeeempfindliche Auseinandersetzung mit und vor Gott, die sich immer wieder anschickt, selbst im Leiden das Leben zu feiern. „Es passiert so viel Leid, dass ich mit Gott wirklich meine allergrößten Probleme habe […] Das ist doch eine Beschmerzung, die da stattfindet. Gott ist ein Schmerzsystem. […] Das ist doch bescheuert", empört sich Schlingensief mit ijobscher Verve am Karfreitag 2008. „Das Gottesprinzip ist im Laufe der Jahrhunderte zu einem Prinzip der Schuld und des Leidens verkommen. Warum ist das Gottesprinzip kein Freudenprinzip? Warum denkt man nicht an Gott und preist ihn, wenn man sich freut, auf der Welt zu sein?"[41]

Am liebsten würde er allen Menschen zurufen, „wie toll es ist, auf der Erde zu sein. Was einem da genommen wird, wenn man gehen muss." Dennoch gebe es „zu viele Fehlkonstruktionen, an denen zu tausend Millionen Prozent niemand auf der Erde schuld ist", für diesen rätselhaft-dunklen Abgrund Gottes und der Schöpfung führt Schlingensief Genschäden, Unfälle und Naturkatastrophen an: „Mein Gott, was für gigantische Kraftwerke von Leiden fliegen hier rum, da muss man doch auf deren Bitten mal hören"[42]! Die letzte Eintragung zitiert Schlingensiefs 87-jährigen Onkel, der ihm in einem Telefongespräch erklärt hatte: „ich habe auch manchmal das Gefühl von Gott verlassen zu sein, ich weiß auch nicht, wie ich mit ihm zusammenkommen soll […] das ist eben das Paradox mit Gott", entwickelt Schlingensief daraus ein bewegendes Gottesbild: „Da ist einer weg, ist nicht da, aber trotzdem ganz nah bei uns. Wenn jemand nicht da ist, dann ist er vielleicht einfach das Ganze […] Dann kann er alles sein und selbst in seiner Abwesenheit anwesend sein."[43]

4 Gib mir ein Jahr, Herrgott, an den ich nicht glaube

Anders als Schlingensief und die Krebsliteratur der 1970/80er-Jahre klammert *Wolfgang Herrndorf* (1965–2013) die religiösmetaphysische Dimension ostentativ aus. Als „mühsame Verschriftlichung meiner peinlichen Existenz"[44] bezeichnete der Maler und Schriftsteller sein Erinnerungs-, Traum- und Trauerjournal *Arbeit und Struktur* (2013), das zunächst als Autorenblog in annähernder Echtzeit den Verlauf seiner dreijährigen bösartigen Gehirntumorerkrankung mitverfolgen ließ. Der spröde Titel umschreibt pointiert Herrndorfs Produktivitätsimperativ: „nur Arbeit hilft. Alle Panik ja immer nur dem Gedanken an die verlorene Arbeitszeit geschuldet."[45] Bis der 48-jährige am 26. August 2013 sein durch zunehmenden Sprachverlust und zerebrale Ausfälle immer stärker

---

40 Ebd., 51 f.
41 Ebd., 210 f.
42 Ebd., 249.
43 Ebd., 254.
44 *Wolfgang Herrndorf*, Arbeit und Struktur, Reinbek b. Hamburg 2015, 405.
45 Ebd., 392.

eingeschränktes Leben mit einem Revolver selbst beendete („ein letzter Triumph des Geistes über das Gemüse"⁴⁶), kann er in einem regelrechten Kreativitätsschub mehrere Schreibprojekte (*Tschick, Sand, Bilder einer großen Liebe*) abschließen: „Gib mir ein Jahr, Herrgott, an den ich nicht glaube, und ich werde fertig mit allem. (geweint)"⁴⁷.

Begleitet von der Furcht verrückt zu werden, changiert Herrndorfs Tumor-Chronik „zwischen der Vorstellung eines folgenlosen Verschwindens des Einzelnen in einer Welt ohne Gott und Jenseits, ohne Spekulation auf eine Nachwelt, und dem als irrational empfundenen Wunsch, Spuren zu hinterlassen, nicht nur als Buch-Autor, sondern auch als materiell gewordenes Ich"⁴⁸. Als harter Atheist zitiert Herrndorf wenige Monate vor seinem Tod aus dem Buch der Weisheit (2,1–5) des Alten Testaments⁴⁹. Für Herrndorf ist „danach" nichts und niemand, der Tod beendet und besiegelt „die unbegreifliche Nichtigkeit menschlicher Existenz. In einem Moment belebte Materie, im nächsten dasselbe, nur ohne Adjektiv."⁵⁰ Nachts wiederholt er „in Endlosschleife" ihm tröstreich scheinende Sätze und Gedanken und baut „aus ihnen ein kleines Abendgebet zusammen":

> Niemand kommt an mich heran
> bis an die Stunde meines Todes.
> Und auch dann wird niemand kommen.
>
> Nichts wird kommen, und es ist in meiner Hand.⁵¹

„Wenn man stirbt, stirbt das Bewusstsein", hält Herrndorf fest. „Ein paar Gedanken, die sich vergeblich selbst untersuchen, ein paar Ideen vielleicht, zu weiten Teilen ein Ramschladen, das meiste secondhand." Dazu scheint er die Vorstellung von einem allwissenden Buchhalter-Gott ebenso zu zählen wie die sinnlose Auflehnung gegen die Absurdität des Universums: „Irgendwo ein Buchhalter, der die Inventarliste schreibt, die immer wieder angefangene und nie vollendete Sicherungskopie des ganzen Unternehmens, flüchtigen Medien, Tagebüchern, Freunden, Floppy Discs und Papierstößen anvertraut in der Hoffnung, sie könne eines Tages auf einem ähnlich fragwürdigen Betriebssystem wie dem eigenen unter Rauschen und Knistern noch einmal abgespielt werden. Der Versuch sich selbst zu verwalten, sich fortzuschreiben, der Kampf gegen die Zeit, der Kampf gegen den Tod, der sinnlose Kampf gegen die Sinnlosigkeit eines idiotischen, bewusstlosen Kosmos, und mit einem Faustkeil in der erhobenen Hand steht man da auf der Spitze des Berges, um dem herabstürzenden Asteroiden noch einmal richtig die Meinung zu sagen."⁵²

Eine Frage, „die sich Krebskranke angeblich häufiger stellen, die Frage ‚Warum ich?', sei ihm „noch nicht gekommen. Ohne gehässig sein zu wollen, vermute ich,

---

⁴⁶ Ebd., 198.
⁴⁷ Ebd., 22.
⁴⁸ *Elke Siegel*, „die mühsame Verschriftlichung meiner peinlichen Existenz". Wolfgang Herrndorfs „Arbeit und Struktur" zwischen Tagebuch, Blog und Buch, in: Zeitschrift für Germanistik 26 (2016), H. 2, 348–372, hier 360.
⁴⁹ *Wolfgang Herrndorf*, Arbeit und Struktur (s. Anm. 44), 394 f.
⁵⁰ Ebd., 255.
⁵¹ Ebd., 110 f.
⁵² Ebd., 214.

dass diese Frage sich hauptsächlich Leuten aufdrängt, die, wenn sie Langzeitüberlebende werden, Yoga, grünen Tee, Gott und ihr Reiki dafür verantwortlich machen. Warum ich? Warum denn nicht ich? Willkommen in der biochemischen Lotterie."[53] Über der demonstrativen Kälte seines Blicks auf alles vermeintlich Metaphysische sollte nicht vergessen werden, was Wolfgang Herrndorf an Intensität des Daseins in der Gegenwart findet. Als beglückende Erfahrung verdichteter Zeit berichtet er von Passionen, die ihn immer wieder die Schönheit der Natur erleben lassen: „Rudern auf dem See mit Freunden. Leider kann man mit den morschen Riemen nicht durchziehen. Aber schön ist der Dunst am Ufer am Abend."[54] Wie nie zuvor vermittelt ihm ein Sonnenaufgang die Freundlichkeit der Welt: „Einzig mir nachvollziehbare religiöse Handlung immer gewesen: der in allen frühen Zivilisationen praktizierte Kult um die frühmorgendliche Erwartung und Verehrung der Sonne. Aber alles, was danach kam und das Bild der Sonne ersetzte durch andere Bilder und die Bilder durch Abstracta und den Gott fröhlicher Gegenwart durch jenseitige Finsternis –"[55]

Kritik an furchterregenden Höllen- und Jenseitsvorstellungen konventioneller Kirchenchristlichkeit, die mit einem Gott des Zorns, der Plagen und der Angst vor postmortaler Vergeltung drohte, begegnet auch bei Schlingensief. Doch während Schlingensief in seinem Krebstagebuch wie seinen letzten Theaterproduktionen seinen Schmerz, seine Verzweiflung und seine Ängste exponiert, dominiert in Herrndorfs Notaten dezidierte Coolness. Die wird durch vier eingeschobene Gedichte kontrastiert, die, jeweils am Ende abgeschlossen mit „Arbeit und Struktur", listenartig Titel anderer Krebsbücher aneinanderreihen, darunter auch Schlingensiefs Schmerztagebuch[56]. Einige Titelzitate scheinen kritisch die Banalisierung von Krebs auf dem zeitgenössischen Buchmarkt aufzuspießen wie Lance Armstrongs „Wie ich den Krebs besiegte und die Tour de France gewann"[57] oder „Malt Mami jetzt den Himmel bunt?", die Trauergeschichte eines US-amerikanischen Lobpreisleiters über seine an Krebs gestorbene junge Ehefrau, die „ein neues Verständnis von Gottes

---

Weiterführende Literatur:
Walter Groß / Karl-Josef Kuschel, „Ich schaffe Finsternis und Unheil!" Ist Gott verantwortlich für das Übel?, Mainz 1992.
In seiner inspirierenden Verbindung von biblischen, theologiegeschichtlichen und literarischen Zugängen noch immer ein unüberholt fundierter Kontrapunkt zu allzu glatten Antworten.
Simon Peng-Keller / Andreas Mauz (Hg.), Sterbenarrative. Hermeneutische Erkundungen des Erzählens am und vom Lebensende, Berlin 2018 (https://www.zora.uzh.ch/id/eprint/162179/).
Theologie und Literaturwissenschaft, Psychologie, Philosophie und Ethik im Dialog mit Spiritual Care, Palliativmedizin, Krankenhausseelsorge und -pflege über heutige Krankheits- und Sterbeerzählungen.

---

[53] Ebd., 181.
[54] Ebd., 266.
[55] Ebd., 323.
[56] Ebd., 199.
[57] Ebd., 314.

Größe auch in schweren Zeiten"⁵⁸ vermittelt. Ähnliches mag für Ken Wilbers „Mut und Gnade" gelten, hält man sich Herrndorfs scharfe Invektiven gegen alle Esoterik vor Augen, oder auch für „Wunder sind möglich. Spontanheilung bei Krebs"⁵⁹.

Bei der Mehrzahl der poetisch-assoziationsreichen Buchtitel wie „Ich mal mir ein Tor zum Himmel"⁶⁰, „Ich komm als Blümchen wieder"⁶¹ oder „Flieg nicht eher als bis dir Federn gewachsen sind"⁶², handelt es sich um Veröffentlichungen über den Krebstod von Kindern, Jugendlichen oder jungen Erwachsenen, die sterben mussten, bevor sie richtig gelebt hatten, häufig litten sie wie Herrndorf an Gehirntumor. Was bringt diese in scheinbar dadaistisch-lakonische Poesie gefasste Trauerarbeit nicht alles zum Klingen, wieviel Unausgesprochenes zwischen Schmerz, Empathie und Sehnsucht kommt in diesen Buchtitelgedichten ins Schwingen, wofür sie gerade in ihrer Verschwiegenheit zu allererst eine Resonanzsphäre öffnen? Dass im Raum säkularer Literatur an die Stelle der Not, die man mit dem Gebet hat, ein Gedicht als Ausdrucksmedium treten kann, wäre kein Einzelfall.

Dies gilt erst recht für das von Herrndorf zitierte, nicht näher ausgewiesene Goethe-Gedicht⁶³ – es folgt kaum zufällig unmittelbar auf die im Tagebuch erwähnte Lektüre von Psalm 88, einem ausschließlich als Anklage Gottes gestalteten Krankengebet. In denkbar größtem Gegensatz zu Herrndorfs „kleinem Abendgebet" erinnert es den kindlichen Wunsch, es gäbe ein „Ohr", ja, „ein Herz" für „meine Klage" um „Erbarmen", den der erwachsene Tagebuchschreiber nurmehr als geliehenes Sprachzitat aufzurufen, als Gebet jedoch nicht zu realisieren vermag:

> Da ich ein Kind war,
> Nicht wusst', wo aus, wo ein,
> Kehrte mein verwirrtes Aug'
> Zur Sonne, als wenn drüber wär'
> Ein Ohr, zu hören meine Klage,
> Ein Herz wie meins,
> Sich des Bedrängten zu erbarmen.⁶⁴

Das bestätigt nicht zuletzt Herrndorfs Roman *Sand* (2011), der durch eine Vielzahl religiöser Anspielungen (insbesondere auf das biblische Ijob-Buch) die Theodizee-Frage umspielt, durch subversive Erzähltechniken jedoch die Frage nach Gott bzw. einem göttlichen Heilsplan problematisiert, ja, mit einem Protagoras-Zitat jedwede Theodizee abweist: „Was die Götter angeht, so ist es mir unmöglich zu wissen, ob sie existieren oder nicht, noch, was ihre Gestalt sei. Die Kräfte, die mich hindern es zu wissen, sind zahlreich, und auch die Frage ist verworren und das menschliche Leben kurz."⁶⁵ Ursprünglich sollte der Roman „Die Wüste des Bösen" heißen: „Das Böse in der Welt ist das Thema dieser als Thril-

---

58 *Dany Oertli*, Malt Mami jetzt den Himmel bunt? Die wahre Geschichte eines bewegenden Abschieds, Asslar 2009 (Verlagswerbung). Weitere Recherchenachweise in *Christoph Gellner*, Gebetszeugnisse in zeitgenössischen Krankheits- und Sterbenarrativen. Theologisch-literarische Erkundungen (s. Anm. 30).
59 *Wolfgang Herrndorf*, Arbeit und Struktur (s. Anm. 44), 315.
60 Ebd., 408.
61 Ebd., 47.
62 Ebd., 408.
63 Es handelt sich um die dritte Strophe der frühen großen Hymne „Prometheus".
64 *Wolfgang Herrndorf*, Arbeit und Struktur (s. Anm. 44), 306.
65 Wolfgang Herrndorf, Sand. Roman, Berlin 2011, 344.

ler nur getarnten Antitheodizee geblieben", erläutert Michael Maar. „Eine Welt, in der das Geschilderte passiert, wird nicht von einem sowohl mächtigen als auch gütigen Gott regiert." Eine Frage lässt Herrndorfs Roman *Sand* indes offen: „die nach dem Sinn. Er ist nicht leicht herauszusieben aus dem Sand der Wüste, dem ewig gleichförmigen Nihil. Ein kleines glitzerndes Partikel findet sich aber vielleicht doch. Es ist ein elementares, der Ratio nicht untergeordnetes Gefühl: das Mitleid mit dem Lebendigen [...] Es gibt eine Reststrahlung von Empathie in der Kälte des Alls."[66]

Der Autor: *Christoph Gellner, geb. 1959, Dr. theol., Studium und Promotion mit einer Arbeit auf dem Grenzgebiet von Theologie, Literatur- und Religionswissenschaft in Tübingen. Z. Zt. Leiter des Theologisch-pastoralen Bildungsinstituts der deutschschweizerischen Bistümer TBI in Zürich. Lehraufträge an den Universitäten Zürich und Luzern. Schlüsselpublikationen: „... nach oben offen". Literatur und Spiritualität – zeitgenössische Profile, Ostfildern 2013; Die Bibel ins Heute schreiben. Erkundungen in der Gegenwartsliteratur, Stuttgart 2019; zusammen mit Georg Langenhorst: Blickwinkel öffnen. Interreligiöses Lernen mit literarischen Texten, Ostfildern 2013.*

---

[66] *Michael Maar*, „Er hat's mir gestanden". Überlegungen zu Wolfgang Herrndorfs „Sand", in: Merkur 66 (2012), 340.

Johanna Schwanberg

Zeig mir deine Wunde

Kunstwissenschaftliche Betrachtungen über die Notwendigkeit des Sichtbarmachens von Leid

◆ Wie sehr menschliches Leben und Denken von seiner Verwundbarkeit her geprägt ist, zeigt sich auch in der bildenden Kunst. Johanna Schwanberg gibt in diesem Beitrag zunächst einen Einblick in die künstlerischen Darstellungen von Wunden und Verletzungen. Anhand exemplarischer Beispiele aus der Kunstgeschichte veranschaulicht sie, wie Wunden im Wandel der Zeit verstanden und ins Bild gesetzt werden. Der zweite Teil des Beitrags fasst die Konzeption der Ausstellung „Zeig mir deine Wunde" des Dom Museums Wien zusammen. Mit einer Beschreibung der Exponate und Räume der Ausstellung illustriert sie, wie es gerade bildende Kunst vermag, „den Finger auf die Wunden zu legen und die Betrachterinnen und Betrachter zu sensibilisieren". (Redaktion)

1 Verwundbarkeit als anthropologische Kategorie

Gebäude sind verwundbar. Die Gesellschaft ist verwundbar. Menschen sind verwundbar, körperlich und seelisch. Spätestens gegen Ende des Lebens wird die Verletzbarkeit des Menschen unübersehbar.

Wie sehr Verwundbarkeit das menschliche Dasein prägt, sodass von einer zentralen anthropologischen Kategorie gesprochen werden kann, wurde in den letzten Jahren besonders augenfällig. Durch Flüchtlingswellen und Terroranschläge im öffentlichen Raum rückte dieses Moment verstärkt in den Brennpunkt der Aufmerksamkeit – für manche überraschend, hatte sich doch die westliche Gesellschaft nach dem Ende des Zweiten Weltkriegs und vielen Jahren des Friedens und vor dem Hintergrund immer besserer medizinischer Versorgung dem Schein hingegeben, unverwundbar zu sein.

Das Bestreben, Verwundungen zu mindern, ist ein menschliches Grundbedürfnis und äußert sich in Strategien, sich vor Kälte, Krankheiten und Gewalt zu schützen. Ein Bemühen, das sich in zahlreichen mythologischen Erzählungen und literarischen Texten wiederfindet. So taucht etwa die Nereide Thetis, die Mutter des Achilleus, ihren Sohn in das Wasser des Styx, um ihn unverwundbar zu machen. Allerdings wird die rechte Ferse durch die Hand der Mutter nicht von der Flüssigkeit bedeckt, sodass Achilleus verwundbar bleibt und schließlich durch einen ihn genau an dieser Stelle treffenden Pfeil des Paris getötet wird. Ähnlich ergeht es dem Helden Siegfried in der Nibelungensage, der in Drachenblut badet, um Unverwundbarkeit zu erlangen. Er geht schließlich durch eine Verletzung an der Schulter zugrunde, die durch ein herabfallendes Lindenblatt nicht vom Drachenblut benetzt wurde. Beide Erzählungen spiegeln nicht nur die zutiefst menschliche Sehnsucht nach Unverwundbarkeit, sondern auch die Tatsache wider, dass dieser Wunsch stets Utopie bleibt.

Jeder Mensch hat eine verletzbare Stelle, und genau diese bestimmt seine Existenz. Wäre ein Leben ohne Verwundbarkeit überhaupt erstrebenswert? Macht die Fragilität des Lebens, die körperliche wie seelische Verletzlichkeit, nicht erst empfindsam für die Sinnlichkeit des Daseins, für Beziehungen, für die Schönheit des Augenblicks? Bringen nicht erst gerade Verwundbarkeit und der Versuch, damit zurechtzukommen, so etwas wie Kunst, Literatur und Musik hervor?

Besonders sichtbar werden Versuche des Ankämpfens gegen Verwundbarkeit seit Beginn der Neuzeit, die das menschliche Leben als eines begreift, in dem es nicht um die „Anerkennung der Vulnerabilität, sondern um deren ‚Aufhebung'"[1] geht. „In diesem Sinne lässt sich die Neuzeit als bis in die Gegenwart fortwirkendes Projekt zur Überwindung der unterschiedlichsten potentiellen oder tatsächlichen körperlichen, psychischen, sozialen, ökonomischen, politischen, pädagogischen Leiden durch medizinische, technische, politische, ökonomische, ökologische und pädagogische Maßnahmen beschreiben."[2] Dass alle Versuche des neuzeitlichen Menschen, Verwundungen zu vermeiden, an Grenzen stoßen oder sogar neue Verwundbarkeiten hervorbringen, lässt sich an zahlreichen Beispielen nachvollziehen. Etwa an technologischen Erfindungen, die das Leben sicherer zu machen scheinen, aber zu Umweltzerstörungen führen, die das Leben gefährden. Die Geschichte zeigt auch, dass die Angst, verwundet zu werden, bzw. Anstrengungen, sich gegen Verwundungen zu schützen, häufig zur Verwundung anderer führen, sodass es schwierig ist, von erlittenen oder potenziellen Verletzungen zu sprechen, ohne nicht auch die Kehrseite der Medaille – nämlich die Fähigkeit des Menschen, zu verletzen – mitzudenken, wie es der Philosoph Fabian Bernhardt mit Bezug auf Paul Ricœur getan hat: „Die Fähigkeit zu handeln, das heißt, etwas zu tun, impliziert die Möglichkeit zu verletzen, das heißt, jemandem etwas anzutun. Handlungsvermögen (agency) und Verletzlichkeit gehören zusammen. Im Altgriechischen und der Sprache der Lateiner war dieser Zusammenhang noch deutlich gegenwärtig. Wir haben uns daran gewöhnt, das begriffliche Gegenstück zur ‚Aktion' in der ‚Reaktion' zu erkennen. Der Gegenbegriff zum lateinischen *actio* lautete ursprünglich jedoch nicht *reactio*, sondern *passio*."[3]

2 Verwundung der Leinwand und Verletzung des Künstlerkörpers

Wunden und Verletzungen sowie, daran gekoppelt, Leid und Schmerz gehören seit über 2000 Jahren zu den zentralen Themen der europäischen Kunstgeschichte. Ihre Bilder haben sich allerdings grundlegend geändert. Während etwa noch in

---

[1] *Daniel Burghardt / Markus Dederich / Nadine Dziabel* u. a. (Hg.), Vulnerabilität. Pädagogische Herausforderungen, Stuttgart 2017, 9.
[2] Ebd.
[3] *Fabian Bernhardt*, „Der eigene Schmerz und der Schmerz der anderen. Versuch über die epistemische Dimension von Verletzlichkeit", in: Verwundbarkeit. Hermeneutische Blätter des Instituts für Hermeneutik und Religionsphilosophie an der Theologischen Fakultät Zürich (2017), H. 1, 7.

der griechischen Antike „nicht die Wunde, sondern der verwundete Mensch oder das verwundete Tier" gezeigt wird, stellt „[d]ie europäisch-abendländische Kunst [...] beginnend mit dem 7. Jahrhundert Zusammenhänge dar, in die der Körper des einzelnen Menschen integriert ist, die ihn übergreifen. Die Wunde kann in das Zentrum dieser Darstellungen rücken, Mitte der Darstellung werden, auf die das andere konzentriert ist."[4] Diese zunehmende Fokussierung auf die Wunde in der Kunst geht mit der Veranschaulichung der Leidensgeschichte Jesu Hand in Hand, so Reinhard Hoeps: „Durch das Christentum ist die Wunde in der europäischen Kunst bildwürdig geworden, und aus der Aufgabe, die Wunden Jesu – dann auch die der Märtyrer – in ihrer religiösen Bedeutsamkeit angemessen und überzeugend zu präsentieren, sind Bildfindungen hervorgegangen, die einerseits der theologischen Reflexion das imaginäre Potential des christlichen Glaubens nahebringen, die andererseits aber auch von einem erheblichen Bewusstsein für die Bedingungen und die genuinen Möglichkeiten des bildsprachlichen Ausdrucks zeugen."[5]

Befasst man sich mit der Geschichte des Christentums bzw. der sakralen Kunst, fällt auf, dass das Thema der Verwundung Christi in den Anfängen keineswegs in dem Maß präsent war, wie dies später der Fall ist. Hoeps spricht davon, dass „sich die Geschichte der Bildwürdigkeit der Wunde von der Spätantike bis zur Reformation als eine Geschichte der zunehmenden Verwundung des Christus-Körpers"[6] präsentiert. Im Spätmittelalter sind Verwundungen so allgegenwärtig, dass „die gesamte Geschichte Jesu als einzige Wunden-Biografie erzählt werden"[7] konnte. Bedeutend wurde in dem Zusammenhang das Johannesevangelium, in dem geschildert wird, dass nach dem Tod Jesu ein Soldat eine Lanze in die Brust des Leichnams stieß und aus der Öffnung Blut und Wasser geflossen seien (Joh 19,34).

Eine entscheidende Rolle kommt diesbezüglich den Kirchenvätern, allen voran Augustinus, zu, die das ausgestalteten, was im Neuen Testament ansatzweise angelegt ist. Sie sahen in der Öffnung des Körpers, der Seitenwunde Christi und den aus ihr strömenden Flüssigkeiten das zentrale Offenbarungsgeheimnis bzw. den Ursprung alles Heilbringenden. Die Wunde wird zum Geburtsort der Kirche sowie der Sakramente, Blut und Wasser zum Zeichen und Medium von Taufe und Eucharistie, „das den göttlichen Körper mit den Menschen verband; sein Blut als Opfer für sie und wie das Wasser ein Mittel zur Reinigung ihrer Sünden"[8]. Entsprechend verehrt wurde die Wunde als Quelle des Lebens und des Glaubens. In diese Verehrung einbezogen wurden auch die verletzenden Instrumente, vor allem die Heilige Lanze, die Christus die Wunde zufügte. Die Wunde galt aber nicht nur als Austrittstelle der heilbringenden Flüssigkeiten, sondern war umgekehrt auch der Zugang, um ins In-

---

[4] *Gustav Schörghofer*, Drei im Blau. Kunst und Glaube. Mit einem Beitrag von Julian Schutting, St. Pölten–Salzburg–Wien 2013, 69.
[5] *Reinhard Hoeps*, „Bilder der Wunde", in: *Reinhard Hoeps / Richard Hoppe-Sailer (Hg.)*, Deine Wunden. Passionsimaginationen in christlicher Bildtradition und Bildkonzepte in der Kunst der Moderne, Bielefeld 2014, 9–29, hier 23 f.
[6] Ebd., 45.
[7] Ebd., 50.
[8] Ebd., 45.

nere des Glaubens und zu Christus vorzudringen und Heil zu erlangen. Demgemäß zahlreich sind auch Darstellungen von Wunden, die bei Herz-Jesu-Bildern bis zur realen Verletzung des Bildträgers in Form eines Schnitts ins Papier führen können, sichtbar etwa an dem herausragenden kleinen Blatt „Das heilige Herz" (vor 1470) aus der Wiener Albertina.[9]

Verwundbarkeit stellt auch in der Moderne jenseits der christlichen Passionsikonografie ein Hauptmoment der Kunst dar, wobei sich die Auseinandersetzung mit Wunden auf mannigfaltige Weise gestalten kann. In Werken Francisco de Goyas oder später Max Beckmanns und Käthe Kollwitz' werden Grausamkeiten und Verwundungen aufgrund von Kriegen aufgezeigt. Künstler und Künstlerinnen wie Francis Bacon oder Frida Kahlo wiederum thematisieren die Verletzlichkeit des Körpers und geben Einblick in die Fragilität der menschlichen Existenz – ein Aspekt, der in der Kunst nach 1945 und dann vor allem in performativen Kunstformen nochmals eine existenziellere Dimension bekommt. Günter Brus, VALIE EXPORT, Gina Pane, Marina Abramović u. a. erklären ihren eigenen Körper zum Medium der Kunst; sie bilden Wunden nicht ab, sondern verwunden sich im Rahmen von Aktionen selbst. Auch wenn solche Werke keineswegs einen christlichen Hintergrund haben, ja im Gegenteil mitunter sogar ausgesprochen kirchenkritisch sind, so verbindet sie mit den christlichen Verwundungsbildern doch die Grundidee, dass nur durch den geöffneten Körper, durch das Zeigen von Verwundbarkeit, positive Veränderungen und somit Heilung von gesellschaftspolitischen oder persönlichen Verletzungen eintreten können.

Um das Öffnen von Räumen, um ein Blicken hinter die Dinge und nicht um Dekonstruktion geht es auch jenen Künstlerinnen und Künstlern des 20. Jahrhunderts, die das herkömmliche Tafelbild zerstören und Verletzungen des Bildträgers zum Hauptstilmittel ihrer Kunst machen. Zum Inbegriff der Thematisierung von Verwundung im Sinne des Öffnens und Erneuerns wurde das Œuvre Lucio Fontanas. In der abstrakten Werkgruppe „Concetto spaziale" brachte der in Argentinien geborene italienische Künstler seit 1949 unterschiedlich farbigen Leinwänden expressive Stiche, Löcher und Schnitte bei, um durch das Durchbrechen der materiellen Bildoberfläche – sowohl räumlich als auch metaphorisch – neue Dimensionen zu erobern, wie er in seinem letzten Interview betonte: „Ich habe nicht Löcher gemacht, um das Bild zu ruinieren. Ganz im Gegenteil: Ich habe Löcher gemacht, um etwas anderes zu finden."[10]

3 Konzeption der Ausstellung „Zeig mir deine Wunde"

Als ich vor einigen Jahren die Leitung des neu zu konzipierenden Dom Museum Wien am Stephansplatz übernahm und mir als eine der ersten Ausstellungen eine epochenübergreifende Schau zur „Wunde" vorschwebte, war mir noch nicht bewusst, wie aktuell und komplex das Thema ist. Allerdings erschien die Thematik wie

---

[9] *Thomas Lentes*, „Nur der geöffnete Körper schafft Heil. Das Bild als Verdoppelung des Körpers", in: *Christoph Geissmar-Brandi / Eleonora Louis* (Hg.), Glaube, Hoffnung, Liebe, Tod. Von der Entwicklung religiöser Bildkonzepte, Ausst.-Kat. Kunsthalle Wien, Klagenfurt 1995, 152.

[10] Zit. nach *Simone Philippi* (Hg.), Kunst des 20. Jahrhunderts. Museum Ludwig Köln, Köln 1996, 222.

geschaffen für ein Museum in kirchlicher Trägerschaft mit herausragenden sakralen historischen Werken und einer bedeutenden Sammlung moderner Kunst rund um den Domprediger und Kunstförderer Monsignore Otto Mauer.

Da sich die Eröffnungsausstellung „Bilder der Sprache und Sprache der Bilder" ein Jahr davor mit einem epochenübergreifenden medialen Thema – nämlich der Verbindung von Wort und Bild – befasste, wollte ich die zweite Schau einer Thematik widmen, die ebenso aktuell wie zeitlos ist und einen Aspekt des menschlichen Lebens betrifft, der im wahrsten Sinn des Wortes unter die Haut geht. Zudem ist Verwundbarkeit ein Moment, das Besucherinnen und Besucher unterschiedlichster Kulturen, Religionen und Generationen berührt, da niemand im Lauf seines Lebens erlittenen oder drohenden Verwundungen entgeht.

In der Schau „Zeig mir deine Wunde" stellten wir ein Jahr lang Werke unterschiedlichster Epochen unter sechs verschiedenen, mit offenen, verheilten oder potenziellen Wunden in Zusammenhang stehenden Aspekten einander gegenüber. Die einzelnen Bereiche widmeten sich folgenden Themenfeldern: „Wunden des Körpers, Wunden der Seele", „Politik der Verwundung", „Instrumente der Verwundung", „Hinwendung zur Wunde", „Die Verwundung der Welt" und „Wunde als Fest". Die Kapitel beinhalteten Exponate vom Mittelalter bis zur Gegenwart und bezogen Werke aus den eigenen Beständen sowie Leihgaben aus dem benachbarten Stephansdom, aus Pfarren der Erzdiözese Wien, österreichischen Stiften, in- und ausländischen Museen, Galerien, Privatsammlungen und Künstlerateliers mit ein. Nicht nur Epochen, sondern auch Medien und Gattungen betreffend umspannte die Präsentation eine große Bandbreite und zeigte Arbeiten aus den Bereichen Malerei, Grafik, Fotografie, Textil-, Video-, Buch- und Performancekunst sowie Kunsthandwerk.

Zentral dabei war, dass die Exponate weder ikonografisch noch chronologisch-kunsthistorisch angeordnet waren. Anliegen der Ausstellung war es auch keineswegs, theoretische Überlegungen zur Verwundbarkeit durch Kunstwerke zu illustrieren. Vielmehr ging es darum, durch assoziative, mitunter auch gezielt kontrastierende Hängungen Besucherinnen und Besucher anzuregen, über ein zentrales Thema des Menschseins nachzudenken.

Ein nicht minder wesentliches Anliegen der Ausstellung war es darzustellen, wie ähnlich die Fragen sind, mit denen sich Künstlerinnen und Künstler verschiedenster Epochen befassen, auch wenn die formalen Antworten je nach Kunstentwicklung und Kunstwollen ganz unterschiedlich ausfallen mögen.

Die Konzeption der Ausstellung baute auf einer Kombination von ästhetischen und inhaltlichen Gegenüberstellungen und Gruppierungen auf. Mitunter gingen sakrale und profane, mittelalterliche und gegenwärtige Werke einen harmonischen Dialog miteinander ein, mitunter prallten sie hart aufeinander und irritierten. Gezielt wurden immer wieder Brüche hergestellt. So stach aus einem düsteren Ausstellungsbereich rund um Kriegsverwundungen eine chinesische Sommerteeschale (960–1279) hervor, bei der die Verletzung des Objekts durch Vergoldung der Bruchstelle besonders aufgewertet wird. Das Text-Bild Gerhard Rühms „Wunde/r" (2004) verwies inmitten von Waffendarstellungen darauf, dass Verletzung und Heilung eng miteinander verknüpft sind. Oft sind es nur minimale Veränderungen, die aus einer Wunde ein Wunder werden lassen.

Der Ausstellungstitel „Zeig mir deine Wunde" nahm beim Titel eines Werks von Joseph Beuys Anleihe, der eine seiner legendären, 1974/75 entstandenen Installationen „Zeige deine Wunde" benannt hat. Leitmotivisch für die Ausstellung war der Aspekt des Herzeigens der Wunde – im Sinn des Stehens zur eigenen Verletzlichkeit, aber auch der Öffnung dem Anderen gegenüber. Umgekehrt setzt dieser Akt jemanden voraus, der hinschaut, der die Augen nicht verschließt und sich der oder dem Verwundeten zuwendet. Zum Inbegriff dieses „Zeigens der Wunde" mit Hoffnung auf Erlösung durch ein mitfühlendes Gegenüber wurde in der Literatur die Figur des Gralskönigs Amfortas in Wolfram von Eschenbachs „Parzival". Erst durch hinschauendes Mitfühlen und die beim zweiten Besuch endlich gestellte Frage Parzifals nach der Ursache der Verwundung und der damit verbundenen Schmerzen kann Amfortas von seinem Leiden erlöst werden.

Passend zum Titel wählten wir als Bildmotiv für Plakat, Katalog und Folder die hyperrealistische Skulptur eines isolierten Arms des schwedischen Künstlers Anders Krisár. Der Arm ragte surreal aus der Wand hervor; er weist Spuren gewaltsamer Berührung in Form von Fingerabdrücken auf, ohne dass die Haut verletzt worden, eine Wunde sichtbar wäre. Zugleich ist die Hand zur Faust geballt, als würde sie sich wehren wollen. Verletztwerden und die Möglichkeit, selbst jemanden zu verletzen, finden sich in diesem Objekt auf spannungsvolle Weise gemeinsam dargestellt. Die Schau ging dem Titel entsprechend von der These aus, dass das Zurschaustellen von Verwundbarkeit nicht nur für ein dialogisches Miteinander und den christlichen Glauben, sondern auch für die Kunst wesentlich ist. Nur eine Kunst, die das Innerste nach Außen kehrt, berührt. Nicht umsonst zählen Künstlerinnen und Künstler, die nicht zuletzt ihre eigenen Verwundungen auf die Leinwand gebracht haben, zu den am teuersten gehandelten auf dem Kunstmarkt. Zudem kommt Kunst beim Sichtbarmachen von Verwundungen eine entscheidende Rolle zu. Bildende Kunst hat mehr als alle anderen Medien die Möglichkeit, den Finger auf Wunden zu legen und die Betrachterinnen und Betrachter zu sensibilisieren. Zugleich kommen durch die ästhetisch komplexe Struktur von Bildern auch in zutiefst erschütternden Werken Momente des Positiven und Hoffnungsvollen zum Ausdruck. Erkan Özgen stellte dies in seinem in der Ausstellung zu sehenden Video „Wunderland" (2016) auf beeindruckende Weise dar.

4 Ausstellungsrundgang und Einbeziehung der Besucherinnen und Besucher

Der Rundgang begann mit einem Raum, der das Thema in seiner Vielgestaltigkeit durch ausgewählte Werke anriss. Zugleich erhellten die hier versammelten Werke das Verhältnis von Gegenständlichkeit und Abstraktion, von stark sichtbaren bis nahezu unsichtbaren Spuren von Verwundungen. Zum einen fanden sich hier historische Exponate, die eng mit dem Kern des christlichen Glaubens und der Passion Jesu verbunden sind; zum anderen spannte der Raum den Bogen bis zu Arbeiten zeitgenössischer Künstlerinnen und Künstler, in denen es wie bei Renate Bertlmanns „Maladies des Mystiques" in performativen Werken um genderspezifische Fragen oder wie bei den Farbfleckenbildern und Skulpturen Iris Legendres oder Romain Sarrots um abstrahierte Wundenspuren geht. Die Aufmerksamkeit zog gleich beim Betreten der Ausstellung ein ungemein expressives Kruzifix eines unbekannten Künstlers (Anfang 18. Jahrhundert) auf sich. Es ist über und über mit Wunden bedeckt; die klaffende Seitenwunde wird zum Teil eines größeren Ganzen, in dem die Verwundung das werkbestimmende Element ist. Dem ausdrucksstarken Werk stand diagonal ein schlichtes Objekt mit einem versilberten Holzrahmen gegenüber. Es stammte aus der Reliquienschatzkammer des Stephansdoms: Das ungefärbte Leinen enthält laut Inschrift auf dem silbernen Rahmen als Reliquie ein Stück des Schweißtuchs Christi (1474/1902).

Der zweite Raum versammelte unter der Überschrift „Wunden des Körpers, Wunden der Seele" Exponate, die vor Augen führen, dass sichtbare Wunden immer auch mit unsichtbaren Verwundungen zusammenhängen und, umgekehrt, seelische Wunden zu unübersehbaren Verletzungen am Körper führen können. Mitten im Raum schwebte „Shelter (Colored Horizon)" (2017), eine hautfarbene fragmentierte weibliche Skulptur des Otto-Mauer-Preisträgers Manfred Erjautz. Sie steht eindrucksvoll für die Verletzlichkeit und Ausgesetztheit des Menschen; zugleich verweist der Titel der poetisch-surrealen Arbeit auf den Aspekt des Schutzgebens. Neben dem Fotokünstler Andres Serrano und Predellenflügeln aus dem beginnenden 16. Jahrhundert mit Darstellungen der „Sieben Schmerzen Mariens" und des „Heiligen Johannes" waren hier vor allem Künstlerinnen und Künstler aus dem Feld der Performance- und Aktionskunst des 20. und 21. Jahrhunderts wie Günter Brus, Katrina Daschner, VALIE EXPORT und ORLAN vertreten. Ihre Werke stehen für einen künstlerischen Ansatz, der deutlich macht, dass die Arbeit am eigenen Körper, mitunter auch das Öffnen der Haut und das Unter-die-Oberfläche-Blicken neue Wege und Freiheiten erschließen kann.

Um Macht und Ohnmacht, um Krieg und Kriegswunden, aber auch um den Versuch, Traumata zu verarbeiten und aus der Verletzung Kraft zu schöpfen, kreiste jener Ausstellungsbereich, den wir „Politik der Verwundung" nannten. Rund um das zentrale Bild dieses Kapitels, eine spätklassizistische Kreuzigung, die 1938 von Nationalsozialisten beim Sturm auf das Erzbischöfliche Palais zerschlitzt wurde, waren vor allem Werke zeitgenössischer Künstler und Künstlerinnen wie Erkan Özgen, Lamia Joreige und Sophie Ristelhueber zu sehen. Sie belegten, dass Verwundungen häufig auf Machtkämpfe und gewaltsame Auseinandersetzungen in Zusammenhang mit politischer, religiöser oder geschlechterspezifischer Unterdrückung zurückzuführen sind.

Nicht die Wunden an sich, sondern die verletzenden „Instrumente der Verwundung" standen im Mittelpunkt eines eigenen Kapitels, das besonderes Augenmerk auf die Waffen und Geräte legte, die zu Verletzungen führen. Oft kontrastieren die Gegenstände in der künstlerischen Darstellung mit der Zartheit und Lebendigkeit der Haut, in die sie wie in Jan de Beers „Marter des heiligen Sebastian" (um 1510/15) oder Louise Bourgeois' „Ste. Sébastienne" (1992) eindringen oder die sie berühren.

Eine singuläre Stellung nahm die mittige Ausstellungswand des Hauptraumes ein. Sie präsentierte auf der einen Seite die oben beschriebene monumentale spätklassizistische Kreuzigung mit den Spuren des nationalsozialistischen Gewaltregimes. Auf der Rückseite prangte ein großformatiges Barockgemälde aus dem 18. Jahrhundert mit einem Wundenmotiv, dem im Zusammenhang mit dem christlichen Glauben und unserem Ausstellungsmotto zentrale Bedeutung zukommt. Denn es stellte den „ungläubigen Thomas" dar, der dem auferstandenen Christus direkt in die diesem durch Longinus' Lanze beigebrachte Seitenwunde greift. Erst durch die Berührung der Wunde realisiert der zweifelnde Apostel, dass es sich um den Erlöser handelt – ein Motiv, das über den religiösen Aspekt hinaus leitmotivisch für die These der Ausstellung stand, dass nur dort, wo dem Gegenüber die Verwundung auch erfahrbar wird, innere Berührung und Überzeugung stattfinden können.

Mit den historischen Werken eines „Schmerzensmanns mit Engel" (um 1480) und einer Darstellung des „Barmherzigen Samariters" (um 1820), aber auch modernen wie gegenwärtigen Arbeiten von Joseph Beuys und Hermann Nitsch widmete sich das Kapitel „Hinwendung zur Wunde" vorrangig den Themen Heilung und Narben.

Verwundet werden nicht nur göttliche und menschliche Wesen. Vor allem Tiere sind in höchstem Maße verwundbar. Auch die Natur insgesamt und die gebaute Umwelt sind ständigen Verletzungen ausgesetzt, sei es durch Umwelteinflüsse oder durch menschliche Gewalt in Form von Kriegen oder gezielter Zerstörung. Das Kapitel „Die Verwundung der Welt" brachte dies anhand von Exponaten aus dem Wiener Stephansdom und zeitgenössischen Arbeiten Gabriele Rothemanns, Kader Attias oder Hana Usuis zum Ausdruck.

Den Rundgang beendeten die Besucherinnen und Besucher nicht im Leid verharrend. Vielmehr führte die Schau im letzten, „Wunde als Fest" betitelten Kapitel die Sinnlichkeit und vitale Energie, die Verwundungen und den daraus hervortretenden Körperflüssigkeiten wie vor allem Blut geschuldet sein können, anhand von Bildern Guillaume Cortois', Hermann Nitschs und Lucio Fontanas vor Augen.

Erst wenn der Mensch selbst aktiv mitwirkt, besteht die Möglichkeit, dass seelische und körperliche Wunden heilen. Diesem Gedanken folgend, ermöglichte es die installative und interaktive Arbeit „The Scar Project" (2005 ff.) der kanadischen Künstlerin Nadia Myre den Besucherinnen und Besuchern, sich im Rahmen der Ausstellung bewusst den eigenen Verwundungen zuzuwenden.[11] Auf kleinen Leinwänden konnten diese ihren Wunden und

Weiterführende Literatur:
Daniel Burghardt / Markus Dederich / Nadine Dziabel u. a. (Hg.), Vulnerabilität. Pädagogische Herausforderungen, Stuttgart 2017.
Reinhard Hoeps / Richard Hoppe-Sailer (Hg.), Deine Wunden. Passionsimaginationen in christlicher Bildtradition und Bildkonzepte in der Kunst der Moderne. Ausst.-Kat. Kunstsammlungen Ruhr-Universität Bochum – Situation Kunst, Bielefeld 2014.
Christoph Geissmar-Brandi / Eleonora Louis (Hg.), Glaube, Hoffnung, Liebe, Tod. Von der Entwicklung religiöser Bildkonzepte. Ausst.-Kat. Kunsthalle Wien, Klagenfurt 1995.
Johanna Schwanberg (Hg.), Zeig mir deine Wunde. Ausst.-Kat. Dom Museum Wien, Wien 2018.

---

[11] Mit Dank an Sarah Jonas für das Sichten der entstandenen Werke und die Mitwirkung an dem Text.

Narben gestalterisch Raum geben. So entstanden zahlreiche Werke, die uns jeden Tag aufs Neue aufgrund ihrer Vielgestaltigkeit, Offenheit und Kreativität überraschten. Mithilfe von Scheren, Nadeln, Bleistiften und Fäden stickten, stachen, schnitten und schrieben die Besucherinnen und Besucher ihre teilweise zutiefst persönlichen Erfahrungen zum Thema Schmerz und Verwundung in den Stoff der Leinwände ein. Raumgreifende Schlitze im Stoff, bis hin zu kleinen punktuellen Stichen und reduzierten, sensiblen Einschnitten, die auf den ersten Blick beinahe nicht erkennbar sind – die kreativen Interpretationen des Themas waren so vielfältig wie die Geschichten dazu, welche die Besucherinnen und Besucher meist anonym in die bereitgestellten Notizhefte schrieben. Sie erzählten von eigenen psychischen und physischen Erkrankungen, tiefsitzenden Ängsten oder vom Verlust eines geliebten Menschen. Die Betrachtung der einzelnen Werke zeigt unübersehbar: Schmerz und Verwundung sind elementare Bestandteile eines jeden Lebens. Die Frage ist, welche Möglichkeit der Mensch findet, um diese in sein Leben zu integrieren und sie anzunehmen. Auch davon sprechen die Leinwände. Viele der Arbeiten thematisieren Prozesse der Heilung und Aufarbeitung: So wurden zuvor in den Stoff geschnittene Wunden in oftmals mühsamer Kleinarbeit mit Hilfe von Nadel und Faden wieder sorgsam verschlossen und mit kleinen Notizen und Gedanken ergänzt. Die Gestaltung der Leinwände nahm teilweise Stunden in Anspruch. Manche Besucherinnen und Besucher kamen immer wieder ins Museum, um an ihrer Leinwand weiterzuarbeiten. Der Gedanke, mit der eigenen Geschichte Teil des künstlerischen Projekts von Nadia Myre wie auch der gesamten Wunden-Schau im Dom Museum Wien zu werden, war für viele Besucher und Besucherinnen ein Ansporn, sich an „The Scar Project" zu beteiligen.

Die Autorin: *Mag.ª Dr.ⁱⁿ phil. Johanna Schwanberg; geb. 1966 in Wien; Kunst- und Literaturwissenschaftlerin; Studium an der Universität Wien sowie an der Universität für angewandte Kunst; 2001 promoviert über die „Bild-Dichtungen von Günter Brus" (2003 veröffentlicht im Springer Verlag); seit 2013 Direktorin des Dommuseum Wien mit der Sammlung Otto Mauer; seit 2011 Lehrbeauftragte an der Universität für angewandte Kunst an der Abteilung „Kunstgeschichte": 2005–2013 Universitätsassistentin mit besonderer Lehrbefugnis („Docens Ordinarius") im Fachbereich Kunstwissenschaft der KU Linz; Mitwirkung an Forschungsprojekten sowie Tätigkeit als Ausstellungskuratorin, etwa „Kreuzungspunkt Linz" im Lentos im Rahmen von Linz 09; zahlreiche Veröffentlichungen als Kunst- und Literaturkritikerin für „Parnass", „spectrum", die „Presse", das Feuilleton der „Furche", sowie für die Ö1-Serie „Gedanken für den Tag"; Publikationen (Auswahl): Dom Museum Wien. Kunst, Kirche, Gesellschaft, Berlin 2017; Highlights aus dem Dom Museum Wien. Historische Schätze und Schlüsselwerke der Moderne, Berlin 2017; Bilder der Sprache und Sprache der Bilder. Ausstellungskatalog des Dom Museum Wien, Wien 2017. Was spricht das Bild? Gegenwartskunst und Wissenschaft im Dialog (zusammen mit Monika Leisch-Kiesl), Bielefeld 2011.*

Hildegard Wustmans

„Glauben Sie mir?"[1]

Glaubensfragen in Zeiten des sexuellen Missbrauchs

Erstes Beispiel: Donald Trump. Er verbreitet nachweislich Lügen. Daran ändert sich auch nichts, wenn diese als alternative Fakten bezeichnet werden. Der Grund seiner Lügen ist offenkundig: Es geht um die verbale Untermauerung dessen, was seine WählerInnen von ihm erwarten. Aus diesem Grund werden gezielt falsche Aussagen, z. B. mit Blick auf EinwandererInnen oder den Klimawandel, formuliert.

Zweites Beispiel: VW. Seit September 2015 weiß die Öffentlichkeit, dass der deutsche Autobauer VW nachweislich die Abgaswerte bei Dieselmotoren manipuliert hat, indem eine illegale Abschalttechnik eingebaut wurde. Beworben wurden die Dieselmodelle als *clean Diesel*. Auch dies ist ein deutlicher Fall von Betrug den KundInnen und der Öffentlichkeit gegenüber. Warum das alles? Es geht um Profite und Marktanteile.

Drittes Beispiel: katholische Kirche. Die katholische Kirche hat lange Zeit die Unwahrheit in Bezug auf sexualisierte Gewalt an Schutzbefohlenen durch Priester gesagt, wenn sie denn überhaupt etwas gesagt hat. Es ist inzwischen offenkundig, dass im Rahmen der katholischen Kirche weltweit systematisch vertuscht, verleugnet und versetzt wurde. Der Grund ist schnell ausgemacht und eindeutig: Es ging um Institutionen- und Täterschutz. Dieses Agieren offenbart eine schamlose Seite der Kirche, der es vor allem um die Unantastbarkeit des Klerus geht.

Alle drei Beispiele stehen für die Ungeheuerlichkeit, wie mit Tatsachen umgegangen wird. Sie belegen exemplarisch, wie systematisch Fakten vertuscht und / oder geschönt wurden. Inzwischen ist all das bekannt; und dennoch gibt es begeisterte AnhängerInnen von Donald Trump, kaufen Menschen noch Autos von VW und engagieren sich immer noch Männer und Frauen, Kinder und Jugendliche in der katholischen Kirche. Aber es reicht vielen Kirchenmitgliedern. Dies lassen Austrittszahlen vermuten und die Aktion Maria 2.0 zeigt das ebenso. Zu lange wurde systematisch verschwiegen, verschleppt, vertuscht, versetzt, verharmlost und all das nachweislich über das Jahr 2010 hinaus.

Am 28. Januar 2010 hat der Jesuit Klaus Mertes SJ das Tabu gebrochen, in dem er sich in einem Brief an ehemalige Schüler des Canisius-Kollegs in Berlin gewandt hat, um mit ihnen über den erfahrenen Missbrauch in der Schule zu sprechen und eine Aufarbeitung zu ermöglichen. Dieser Brief hat eine Lawine der Enthüllungen in Gang gesetzt. Im Nachgang wurden von der Deutschen Bischofskonferenz Leitlinien geschärft, die Präventionsmaßnahmen in den Diözesen deutlich intensiviert und nachhaltig verbessert. Aber erst die im September des vergange-

---

[1] Dieser Text basiert auf einem Vortrag, der am 22. Mai 2019 am Fachbereich 07 der Goethe-Universität Frankfurt a. M. gehalten wurde. Der Text ist geringfügig überarbeitet worden, der Vortragsstil wurde beibehalten.

nen Jahres herausgebrachte MHG-Studie hat gezeigt, dass es an Aufarbeitung und vor allem an der Bearbeitung der systemischen Faktoren deutlich mangelte.² Daran wollen die Bischöfe in einem Synodalen Prozess, in Zusammenarbeit mit dem ZDK, arbeiten. Hier geschieht etwas, man kann auf die Ergebnisse gespannt sein und vor allem auch darauf, welche Konsequenzen tatsächlich gezogen werden und welche Konflikte man in der deutschen Ortskirche und im Kontext mit der Weltkirche einzugehen und auszutragen bereit ist. Dass dies zwingend erforderlich ist, zeigen die Ergebnisse der MHG-Studie, die erschreckend, abgründig und bestürzend sind. Vor allem erste Reaktionen von einigen Bischöfen haben gezeigt, wie überfordert sie und das System mit diesen Enthüllungen sind. Exemplarisch wurde dies bei der Pressekonferenz vom 25. September 2018 in Fulda deutlich. Auf dem Podium sitzen neben den Wissenschaftlern u. a. der Vorsitzende der Bischofskonferenz Reinhard Marx und der Missbrauchsbeauftragte Stefan Ackermann. Die letzte Frage wurde von Frau Florin vom Deutschlandfunk gestellt, welche die Bischöfe nach persönlichen Konsequenzen fragt und ob jemand von den versammelten Bischöfen vielleicht an Rücktritt gedacht hätte. Mit einem Wort erfolgt die Antwort. Es ist ein NEIN. Und es ist zugleich das letzte Wort der Pressekonferenz.³

Die MHG-Studie hat die katholische Kirche in Deutschland im Innersten getroffen. Im Aufarbeitungsprozess geht es um die Wahrheit über Täter und um die Opfer, deren Authentizität bis in die Gegenwart angezweifelt wird.⁴ Im Rahmen der Ausführungen soll ein Aspekt in besonderer Weise in den Blick genommen werden – die Glaubensfragen, die Überlebende von Missbrauch formulieren.

1 Missbrauch verspottet das christliche Freiheitsversprechen

Jede Form von Missbrauch überschreitet Grenzen und missachtet die Menschenwürde sowie das Recht auf freie Selbstbestimmung.⁵ Für Missbrauch gilt in der Regel, dass er sich dann anbahnt, wenn Le-

---

[2] https://www.dbk.de/fileadmin/redaktion/diverse_downloads/dossiers_2018/MHG-Studie-gesamt.pdf, 29 [Abruf: 03.05.2019].

[3] Vgl. *Christiane Florin*, Missbrauch sind immer die anderen, in: Lebendige Seelsorge (2019), H. 3, 178–181, hier 179.

[4] Vgl. *Gregor Maria Hoff*, Kirche zu, Problem tot! Theologische Reflexionen zum Missbrauchsproblem in der katholischen Kirche, in: Kursbuch 196 Religion, zum Teufel, 2018, 26–39, hier 32.

[5] Zu Definitionen und Begrifflichkeiten vgl. *Mary Hallay-Witte / Bettina Jansen* (Hg.), Schweigebruch. Vom sexuellen Missbrauch zur institutionellen Prävention, Freiburg i. Br.–Basel–Wien 2016, 36 f. Ebenso die Definition der MHG-Studie. „Dieser schließt sowohl Handlungen nach dem 13. Abschnitt sowie weitere sexualbezogene Straftaten des Strafgesetzbuchs (StGB) ein als auch solche nach can. 1395 § 2 CIC in Verbindung mit Art. 6 § 1 des Apostolischen Schreibens motu proprio datae „Sacramentorum sanctitatis tutela" (SST), nach can. 1387 CIC in Verbindung mit Art. 4 § 1 Nr. 4 SST wie auch nach can. 1378 § 1 CIC in Verbindung mit Art. 4 § 1 Nr. 1 SST, soweit sie an Minderjährigen oder Personen begangen werden, deren Vernunftgebrauch habituell eingeschränkt ist (Art. 6 § 1 Nr. 1 SST). Zusätzlich können dabei unter Berücksichtigung der Besonderheiten des Einzelfalls auch Handlungen unterhalb der Schwelle der Strafbarkeit, die im pastoralen oder erzieherischen sowie im betreuenden oder pflegerischen Umgang mit Kindern und Jugendlichen und Erwachsenen Schutzbefohlenen eine Grenzverletzung oder einen sonstigen sexuellen Übergriff darstellen, einbezogen werden. Sie betreffen alle Verhal-

benslagen prekär sind und/oder sich Situationen der besonderen Bedürftigkeit ergeben. Vor allem Priestern wurde lange Zeit in solchen Zusammenhängen uneingeschränkt zugetraut, dass sie Menschen auf ihrem individuellen Weg kenntnisreich begleiten, ihnen zur Seite stehen, wie es sonst niemand tut. Im wahrsten Sinn des Wortes überantwortet sich jemand in diesen Zusammenhängen der Autorität einer anderen Person, der man zutraut, dass sie Hinweise und Vorschläge unterbreitet, wo man gar nicht umhin kann, diese zu befolgen, weil sie gut, überzeugend und damit richtig sind. Mehr noch, der Priester bewegt sich im Raum der Liebe. Und der Priester hat dieser Liebe „in einer besonderen Weise [zu] entsprechen, was die Repräsentanz so anstrengend wie kostbar macht."[6] Finden solche Begegnungen in einem „gesunden" Setting statt, dann handelt es sich dabei um eine Dreiecksbeziehung zwischen Priester, der zu begleitenden Person und Gott. Wenn allerdings diese ursprüngliche Dreiecksbeziehung binär codiert wird, bahnt sich Unheil an, denn dann erfolgt die „Verwechselung von geistlichen Personen mit der Stimme Gottes"[7]. So zeigt sich in den Formen des sexuellen und des spirituellen Missbrauchs, „dass sich ein ‚Seelenführer' in der Seele eines anderen Menschen festsetzt und sie nach seinem Willen steuern will; er besetzt sie als Aufpasser, als ihr Kontrolleur; gibt ihr seinen Willen als ihren Willen vor; nimmt die Gottesposition in der religiösen Intimsphäre der anvertrauten Person ein."[8] Wenn das geschieht, dann mutiert der Priester von einer Person mit Autorität zu einer Person, die ihre Macht schamlos und unverschämt ausnutzt.[9] All das wird dadurch verstärkt, dass es zwischen den Beteiligten ein asymmetrisches Beziehungsverhältnis gibt: das Amt, die Stellung, der gute Ruf, der Wissens- und Erfahrungsschatz …

Inzwischen ist hinlänglich bekannt, dass der Missbrauchstäter langsam und in der Regel wohl überlegt vorgeht.[10] Missbrauch geschieht nicht im Affekt. Missbrauch wird kalt geplant. Am Beginn des Missbrauchs steht die Beziehung, in die sich Grenzverletzungen einschleichen. Ein solches Vorgehen ist gewalttätig. Es führt Stück für Stück in die Isolation und in eine verstärkte Abhängigkeit. Letztlich hat man es mit Menschen zu tun, die emotional und spirituell abhängig und damit ausgeliefert sind. Aus einem solchen Geflecht ist kaum

tens- und Umgangsweisen mit sexuellem Bezug gegenüber Minderjährigen und erwachsenen Schutzbefohlenen, die mit vermeintlicher Einwilligung, ohne Einwilligung oder gegen den ausdrücklichen Willen erfolgen. Dies umfasst auch alle Handlungen zur Vorbereitung, Durchführung und Geheimhaltung sexualisierter Gewalt." https://www.dbk.de/fileadmin/redaktion/diverse_downloads/dossiers_2018/MHG-Studie-gesamt.pdf, 29 [Abruf: 03.05.2019].

[6] *Gregor Maria Hoff*, Kirche zu, Problem tot! (s. Anm. 4), 33.
[7] *Klaus Mertes SJ*, Ethische und theologische Beurteilung, in: *Sekretariat der Deutschen Bischofskonferenz* (Hg.), Zum Umgang mit geistlichem Missbrauch, Fachtagung der Pastoralkommission (III), der Kommission für Geistliche Berufe und Kirchliche Dienste (IV) und der Jugendkommission (XII) am 31. Oktober 2018 im Erbacher Hof, Bonn 2018, 35–45, hier 35.
[8] *Klaus Mertes SJ*, Ethische und theologische Beurteilung, in: ebd., 35.
[9] Vgl. *Hans-Joachim Sander*, Wenn moralischer Anspruch schamlos wird. Von der Unverschämtheit im sexuellen Missbrauch in der kirchlichen Schuldkultur, in: Stimmen der Zeit 144 (2019), 83–92.
[10] Dieses Vorgehen ist auch unter der Bezeichnung „Grooming" (v. a. aus dem Internet) bekannt und folgt dem gleichen Muster: Vertrauen und Nähe aufbauen, um schließlich zu missbrauchen.

zu entkommen. Und wenn es gelingt, dann ist es für eine / einen selbst wie für andere kaum nachvollziehbar, dass das alles möglich war. Aber es war möglich, weil die TäterInnen eine ganze Palette an Mustern beherrschen und einsetzen: sie stehen für Sicherheit und Orientierung, Zugehörigkeit zu einer Elite und Nähe zu besonderen Persönlichkeiten. Zugleich herrschen mehr oder weniger verdeckt Druck und Zwang, Denk- und Sprechverbote, Kontrolle und Isolation. Und für TäterInnen im Kontext der katholischen Kirche kann eindeutig festgehalten werden, dass lange Zeit der Täterschutz vor dem Opferschutz stand.

Wenn sich ein Opfer irgendwann dann doch befreien kann, Erlittenes ins Wort bringt, sieht es sich häufig mit übler Nachrede, Verleumdungen und Vorwürfen konfrontiert. Man glaubt ihm oder ihr nicht. Dabei ist der Schritt, sich einer anderen Person anzuvertrauen, wesentlich für die Verarbeitung des erlittenen Missbrauchs. Minderjährige sind dabei noch stärker auf Unterstützung angewiesen als Erwachsene. Scham und / oder Angst vor negativen Konsequenzen können auch über lange Zeiträume dazu führen, dass Opfer schweigen.[11]

Die MHG-Studie zeigt auf, dass als Vertrauenspersonen Eltern, Verwandte und Freunde am häufigsten genannt werden, aber auch Kirchenvertretern kommt eine nicht unerhebliche Rolle zu.[12] Dabei mussten Betroffene von Missbrauch immer wieder die Erfahrung machen, dass ihnen nicht geglaubt wurde (10,8 %) 6,3 % gaben an, dass das Geschehen verharmlost wurde, 2,3 % wurde gedroht und 5,7 % wurde deutlich gemacht, dass dem Sprechen Sanktionen folgen würden.[13] Damit ist genau das belegt, was Überlebende von Missbrauch befürchten: negative Konsequenzen nach der Offenlegung des Missbrauchs. All das „spielt Beschuldigten in die Hände und verringert das Entdeckungsrisiko sowie die Gefahr negativer Konsequenzen selbst bei Aufdeckungen der Tat."[14]

Hier wird deutlich, dass Sprechen und Hören immer auch Machtstrukturen abbilden. Eindrücklich konnte dies in dem vom Bayerischen Rundfunk am 6. Februar 2019 ausgestrahlten Gespräch zwischen der früheren Ordensfrau Doris Wagner und Kardinal Christoph Schönborn aus Wien mitverfolgt werden.[15] In diesem Dialog sprechen beide über Missbrauch: es geht um klerikalen Machtmissbrauch, spirituellen und sexuellen Missbrauch. Doris Wagner ist eine Überlebende von spirituellem und sexuellem Missbrauch. Inzwischen ist sie eine wichtige und präsente Stimme, die aufklärt, wie Missbrauch geschieht, systemisch ermöglicht wird und wie die Erfahrungen von Demütigung, Missachtung, Entwürdigung und letztlich Freiheitsraub Menschen zersetzen und Menschenleben kosten.[16] Eine besondere Passage in dem ausgestrahlten Gespräch ist jene, in der es um den Wahrheitsgehalt der Berichte von Op-

---

[11] Vgl. https://www.dbk.de/fileadmin/redaktion/diverse_downloads/dossiers_2018/MHG-Studie-gesamt.pdf, 266 [Abruf: 03.05.2019].
[12] Vgl. ebd., 269 [Abruf: 03.05.2019].
[13] Vgl. ebd., 270 [Abruf: 03.05.2019].
[14] Ebd., 272 [Abruf: 03.05.2019].
[15] Diese Dokumentation wurde am 13. April 2019 in Wien im Rahmen der 30. Romy-Preisverleihung (Österreichischer Film- und Fernsehpreis) mit dem Preis der Akademie ausgezeichnet. https://www.br.de/fernsehen/das-erste/sendungen/report-muenchen/videos-und-manuskripte/missbrauch-kirche100.html [Abruf: 03.05.2019].
[16] Vgl. *Doris Wagner*, Nicht mehr ich. Die wahre Geschichte einer jungen Ordensfrau, Wien 2014.

fern geht. Diese Passage lautet im Wortlaut: „Ich möchte aber trotzdem, weil mir das unendlich viel bedeutet, noch einmal wirklich von Ihnen hören, was ich bis jetzt noch von niemandem in der Kirche gehört habe, von niemandem in einer Verantwortungsposition, dass Sie mir glauben. […] Könnten Sie mir das sagen?" (Doris Wagner)

„Ich habe es Ihnen vorhin schon gesagt, und ich habe Ihr Buch gelesen, und ich glaube Ihnen das." (Kardinal Christoph Schönborn, Erzbischof von Wien)

Für Frau Wagner war es außerordentlich wichtig, diese Antwort des Kardinals in der Öffentlichkeit zu erhalten. Und später sagt sie: „Ohne Kamera hätte ich geheult."[17] Hier geht es aber um mehr als die Ergriffenheit eines Opfers, dem ein Kardinal in der Öffentlichkeit glaubt. Vielmehr ist diese Sequenz des Gespräches machtpolitisch, theologisch und spirituell von grundsätzlicher Bedeutung. Mit anderen Worten: In dieser Sequenz ist genau das ansichtig, was Michel Foucault Pastoralmacht genannt hat.[18]

Beim Typ der Pastoralmacht handelt es sich um eine besondere Form individualisierter Macht, die sich im Christentum auf die Person des „Hirten", des Amtsträgers konzentriert. Diese Macht ist nach Foucault u. a. dadurch geprägt, dass der Hirte nicht nur um die Gemeinde insgesamt, sondern um jede / jeden Einzelnen bemüht ist: omnes et singulatim. Der Hirte ist nur dann ein guter Hirte, wenn er die Herde zusammenhält, keines seiner Schafe verlorengeht. Alles, was der Hirte macht, soll zum Wohl seiner Herde sein. Sie ist das Objekt seiner beständigen Sorge.[19]

Genau in dieser Spannung steht Kardinal Schönborn im Gespräch und im Besonderen angesichts der Frage von Frau Wagner. Er positioniert sich ihr und damit zugleich allen anderen gegenüber, für die er eine Verantwortung trägt: omnes et singulatim. An dieser Stelle sind Macht und Ohnmacht sprichwörtlich zu greifen.

2 „Can the subaltern speak?"[20]

In ihrem vielbeachteten und kontrovers diskutierten Essay mit dem Titel *Can the Subaltern Speak?* aus dem Jahr 1988 geht die in Kalkutta (1942) geborene Spivak der Frage nach, ob Menschen sich in einer Situation der Ohnmacht überhaupt artikulieren können.[21] Ihre Aufmerksamkeit gilt jenen, die „sprichwörtlich ‚ganz unten' zu finden sind:"[22] die in den Mega-Cities auf den Straßen und in Favelas leben oder eben in den ländlichen und vom

---

[17] https://www.sueddeutsche.de/politik/profil-doris-wagner-1.4320569 [Abruf: 03.05.2019].
[18] *Michel Foucault*, „Onmes et singulatim": zu einer Kritik der politischen Vernunft, in: *ders.*, Schriften in vier Bänden. Dits et Ecrits – Band IV. 1980–1988, Frankfurt a. Main 2005, 165–198.
[19] Vgl. ebd., 170.
[20] *Gayatri Chakravorty Spivak*, Can The Subaltern Speak?, in: Postkolonialität und subalterne Artikulation. Aus dem Engl. von Alexander Joskowicz und Stefan Nowotny, Wien–Berlin 2008, 17–118.
[21] Auch Hans-Joachim Sander verknüpft die Überlegungen von Gayatri Chakravorty Spivak in seiner Auseinandersetzung mit dem Thema des Missbrauchs. Vgl. *Hans-Joachim Sander*, Beschämte Opfer, schamlose Vertuscher und unverschämte Täter, in: Lebendige Seelsorge 3/2019, 167–171.
[22] *Mariá do Mar Castor Varela / Nikita Dhawan*, Postkoloniale Theorie. Eine kritische Einführung, 2. komplett überarbeitete und erweiterte Auflage, Bielefeld 2015, 192.

Fortschritt weitgehend abgekoppelten Regionen.²³ Folgerichtig kann gesagt werden, dass mit dem Begriff Subaltern keine Identitätsbeschreibung vorgenommen wird, „sondern eine Position und Differenz"²⁴ markiert wird.

Übertragen auf die Zusammenhänge von Missbrauch wird dies z. B. daran deutlich, dass Menschen nicht von sich als Opfer oder Betroffene sprechen wollen, sondern sich selbst als Überlebende des Missbrauchs bezeichnen. Damit markieren sie eine Differenz zu den anderen Sprechenden und nehmen zugleich eine besondere Position im Diskurs über Missbrauch ein. Auch das wurde in dem Gespräch zwischen Frau Wagner und Kardinal Schönborn deutlich.

Doch bleiben wir zunächst beim Text von Spivak, der vor allem eine Kritik an westliche Intellektuelle ist. Sie bezieht sich in ihren Ausführungen auf den Text *Die Intellektuellen und die Macht. Ein Gespräch zwischen Michel Foucault und Gilles Deleuze*.²⁵ Hierin kritisiert sie Foucault und Deleuze dahingehend, dass sie die Macht unterprivilegierter Menschen hervorheben, es jedoch versäumen, die dahinterstehenden Ideologien zu thematisieren. Zudem weist sie auf genderspezifische Leerstellen in den Diskursen hin. Spivak schreibt: „Doch die beiden ignorieren systematisch die Frage der Ideologie sowie ihre eigene Verwicklung in eine intellektuelle und ökonomische Geschichte."²⁶

Vor diesem Hintergrund lässt sich das Ziel ihrer Argumentation beschreiben, das darin besteht, den subalternen Raum aufzulösen und damit ein Sprechen zu vermeiden, das sich anmaßt, für andere sprechen und handeln zu können. Ein Sprechen für andere ist ihrer Meinung nach nicht möglich, weil es wiederum selbst dazu führen kann, dass die anderen verstummen.

Der Frage nach dem Sprechen der Subalternen schließt sich eine weitere Frage an: ob den Subalternen denn überhaupt zugehört und geglaubt wird, wenn sie sprechen. Die Strukturen der Macht lassen das (eigentlich) nicht zu. Dies ist auch die Erfahrung von Doris Wagner und anderen Überlebenden von Missbrauch. In dem Gespräch mit Kardinal Schönborn sagt Doris Wagner: „Ich habe so vielen so oft meine Geschichte erzählt, mittlerweile Anzeige erstattet, und so weiter, ich habe in meiner Gemeinschaft von niemandem das gehört: Wir glauben dir, und das hätte dir nicht passieren dürfen."²⁷

Die Erfahrung des zunächst Nicht-gehört-werdens, der ein Nicht-Glauben-wollen folgt, erklärt, warum es für Frau Wagner so wichtig ist, dass ihr der Vertreter der institutionellen kirchlichen Macht, Kardinal Schönborn, öffentlich Glauben schenkt. Denn nach wie vor ist es so, dass Überlebende von Missbrauch kaum als sprechende Subjekte wahrgenommen werden und wenn sie dann doch das Wort ergreifen, verstören sie, wie an Reaktionen

---

23   Der von ihr verwendete Begriff der Subalternen geht wiederum auf Gramsci zurück (der ihn aus dem Vokabular militärischer Dienstgrade entlehnte), der damit all jene im Blick hatte, die nicht nur ökonomisch marginalisiert sind, sondern von einer Vielzahl von Ausschließungen betroffen sind. Vgl. *Mariá do Mar Castor Varela / Nikita Dhawan*, Postkoloniale Theorie (s. Anm. 22), 192 f.
24   Vgl. ebd., 187.
25   *Gayatri Chakravorty Spivak*, Can The Subaltern Speak? (s. Anm. 20), 21.
26   Ebd., 22.
27   https://www.br.de/fernsehen/das-erste/sendungen/report-muenchen/videos-und-manuskripte/missbrauch-kirche100.html [Abruf: 03.05.2019].

von Bischöfen abzulesen ist und durch Papst em. Benedikt XVI. auf die Spitze getrieben wurde, der den Niedergang der katholischen Morallehre und die 68er für den Missbrauch in der katholischen Kirche verantwortlich macht.[28] Oder aber Überlebende werden in ihren Aussagen missverstanden und selbst zu einem Gegenstand konkurrierender Diskurse, wie sich in der Debatte vom Missbrauch des Missbrauchs zeigt.[29] Überlebende des Missbrauchs sind Subalterne in der katholischen Kirche. „Sie sprechen, aber kommen mit ihren Anliegen nicht zu Wort."[30] Sie stehen zwischen Reformorientierten und jenen, die bigott ihre Agenda von der Kirche durchsetzen wollen. Diese Konstellation ist jedoch weitaus mehr als ein kirchenpolitischer Streit. Es geht nicht um die Auseinandersetzung über die Gestalt von Kirche. Es geht um ihren Bestand.[31]

Spivak selbst macht diesen Sachverhalt, die „Opferung" der Subalternen, am Beispiel der Selbstverbrennung von Witwen – der Praxis des Sati – deutlich. Dabei ist an dieser Stelle hervorzuheben, dass die Selbstverbrennung von Witwen eher die Ausnahme denn die Regel war.[32] Sati war nicht vorgeschrieben und wurde auch nicht gewaltsam durchgesetzt. Die Selbstverbrennung einer Witwe wurde als „eindrucksvolles Zeichen ihres eigenen Wunsches gedeutet, eine gute Ehefrau zu sein"[33] und es geschah wohl auch deshalb, weil damit Ehre und Würde verbunden waren. Sati bedeutet übersetzt „gute Ehefrau"[34]. Es muss ebenso festgehalten werden, dass es auch ökonomische Gründe im einheimischen Patriarchat waren, welche die Witwen in die Selbstverbrennung drängten.

Im Jahr 1829 wurde diese Praxis durch die britische Kolonialherrschaft verboten. Die Witwenverbrennung ist für die Briten die Manifestation „des barbarischen und inhumanen Indien"[35]. Damit werden die Körper der Witwen zu einer machtpolitischen Arena. Spivak schreibt mit Blick auf das Gesetz: „Wo Briten arme, zu Opfern gemachte Frauen sahen, die zur Schlachtbank gingen, haben wir es also in Wirklichkeit mit einem ideologischen Schlachtfeld zu tun."[36] Das Ritual wird „als *Verbrechen* (Hervorhebung: im Original) neu definiert."[37] Für Spivak ist dies nichts anderes als der Ausdruck dessen, dass weiße Männer die braunen Frauen vor braunen Männern retten wollen.[38] Durch das Gesetz wird die Inderin vor den Indern von den Briten in Schutz genommen und damit wird zugleich die zivilisatorische Überlegenheit der Kolonialgesellschaft markiert. Erst die Kolonialmacht hat aus der Tradi-

---

[28] Vgl. https://www.vaticannews.va/de/papst/news/2019-04/papst-benedikt-xvi-wortlaut-aufsatz-missbrauch-theologie.html [Abruf: 03.05.2019].
[29] https://www.katholisch.de/aktuelles/aktuelle-artikel/voderholzer-schamt-sich-und-warnt-vor-instrumentalisierung [Abruf: 03.05.2019].
[30] Vgl. *Hans-Joachim Sander*, Beschämte Opfer, schamlose Vertuscher und unverschämte Täter (s. Anm. 21), 170.
[31] Vgl. ebd.
[32] *Gayatri Chakravorty Spivak*, Can the Subaltern Speak? (s. Anm. 20), 87.
[33] *Mariá do Mar Castro Varela / Nikita Dhawan*, Postkoloniale Theorie (s. Anm. 22), 196.
[34] *Gayatri Chakravorty Spivak*, Can the Subaltern Speak? (s. Anm. 20), 98.
[35] *Mariá do Mar Castro Varela / Nikita Dhawan*, Postkoloniale Theorie (s. Anm. 22), 196.
[36] *Gayatri Chakravorty Spivak*, Can the Subaltern Speak? (s. Anm. 20), 87.
[37] Ebd., 89.
[38] Vgl. ebd., 98.

tion ein Opferritual gemacht, das zu einem Verbrechen im Rahmen der Kolonialgesetzgebung wurde.

In der Lesart von Spivak zeigt sich darüber hinaus, dass sowohl „das (koloniale und einheimische) Patriarchat *für* (Hervorhebung: im Original) die subalterne Frau"[39] spricht. Das lokale Patriarchat idealisiert sie „als Bewahrerinnen der ‚Tradition'", die Kolonialmacht sieht in ihnen die „Belegexemplare für die gewaltsam zu modernisierende barbarische Zurückgebliebenheit der Inder"[40]. Eine traditionell-patriarchale Erklärung des freien Willens der Frauen wird durch eine aufklärerisch-britische Sicht auf die Dinge ersetzt. Und damit werden die Frauen in den widerstreitenden Diskursen zerrieben. „Zwischen Patriarchat und Imperialismus, Subjektkonstituierung und Objektformierung, verschwindet die Figur der Frau, und zwar nicht in ein unberührtes Nichts hinein, sondern in eine gewaltförmige Pendelbewegung, die in der verschobenen Gestaltwerdung der zwischen Tradition und Modernisierung gefangenen ‚Frau der Dritten Welt' besteht."[41]

Spivak kritisiert somit deutlich das einheimische und das britische Patriarchat und zeigt auf, dass die Frauen „die zum Schweigen gebrachten Subalternen"[42] sind. „Eine Subjektposition, von der aus sie sprechen"[43] könnten, wird ihnen von vornherein nicht gewährt. Und genau an diesem Punkt kommt Spivak zu der Schlussfolgerung: „The Subaltern cannot speak."[44]

3 Dem Missbrauch nicht ausweichen oder Sich neuen Glaubensfragen stellen

Wer den Missbrauch überlebt hat, steht vor der schmerzhaften und mühsamen Aufgabe, wieder selbstbestimmt sprach-, handlungs- und entscheidungsfähig zu werden. Es geht um die Wiederaneignung des Lebens. Solche Prozesse brauchen Zeit, weil Selbstbestimmung nicht von heute auf morgen zurückgewonnen werden kann, weil das Leben mit Wunden und Narben erlernt werden muss, weil spirituelle und emotionale Entgiftungen Kraft kosten. Für die betroffenen Personen besteht eine wesentliche Herausforderung darin, zu lernen, sich selbst zu trauen. Es muss erneut gelernt werden, auf die eigene Intuition und das eigene Gefühl zu hören und damit wieder in Alternativen zu denken. Aber der Heilungsprozess spielt sich nicht nur in den Seelen und Körpern der Überlebenden ab, sondern er betrifft als Anklage auch Verantwortliche in Diözesen, Gemeinschaften und Gott selbst. Es sind fragile und höchst prekäre Zusammenhänge, in denen das zerstörte Selbstvertrauen wiederaufgebaut und die Selbstachtung wieder mühsam erlernt werden müssen.

So wie die Überlebenden von Missbrauch lernen, sich selbst zu trauen, so müssen Verantwortliche in den Diözesen und Gemeinschaften darauf achten, sich in zurückhaltender Aufmerksamkeit zu üben.[45] Diese Zugewandtheit muss gepaart

---

39 *Mariá do Mar Castro Varela / Nikita Dhawan*, Postkoloniale Theorie (s. Anm. 22), 197.
40 *Hito Steyerl*, Die Gegenwart der Subalternen, in: *Gayatri Chakravorty Spivak*, Can the Subaltern Speak? (s. Anm. 20), 7–16, hier 12.
41 *Gayatri Chakravorty Spivak*, Can the Subaltern Speak? (s. Anm. 20), 101.
42 *Mariá do Mar Castro Varela / Nikita Dhawan*, Postkoloniale Theorie (s. Anm. 22), 197.
43 Ebd., 198.
44 *Gayatri Chakravorty Spivak*, Can the Subaltern Speak? (s. Anm. 20), 104.
45 Vgl. *Doris Wagner*, Spiritueller Missbrauch in der katholischen Kirche, Freiburg i. Br.–Basel–Wien 2019, 177.

sein mit dem unbedingten Entschluss zuzuhören und der Bereitschaft, den Überlebenden zu glauben. Begegnungen mit Bischöfen und VertreterInnen der Kirche sind Teil eines schmerzlichen Entgiftungsprozesses für diese Überlebenden. Das erfordert bei den Betroffenen Mut. Von den GesprächspartnerInnen verlangt es unbedingten Respekt den Personen gegenüber, die Missbrauch erlitten haben. Es geht im Wesentlichen darum, dass die Verantwortlichen in den Diözesen und Gemeinschaften Verantwortung für das übernehmen, was an Menschen geschehen ist. Entscheidend ist auch, dass Überlebenden Raum gegeben wird, damit sie zum Sprechen gehört werden.[46] Denn es gibt eine Form des Zuhörens, die den / die andere zum Sprechen nicht nur einlädt, sondern geradezu verhilft. Auf diese Form des Sprechens hat die US-amerikanische Theologin Nelle Morton in ihrer Konzeption des *hearing to speech* hingewiesen. Diese Form des Zuhörens schafft einen Resonanzraum, in dem sich jemand freireden kann. Ein solches Zuhören kann heilend sein.[47] Dabei muss eines klar sein: Überlebende haben oftmals keine Worte für das, was ihnen angetan wurde. Und sie waren mit Tätern konfrontiert, die nicht nur Macht über sie, sondern auch Macht über die Sprache hatten. Auch die Sprache stand im Dienst des Täters. Und noch etwas anderes ist zu bedenken: Opfer waren vielfach von Menschen umgeben, die ihnen „die Sprache verweigerten"[48]. Ihnen wurde nicht geglaubt, wenn sie von ihrer Angst, ihren Schmerzen berichten wollten. Dessen müssen sich all jene bewusst sein, die mit Überlebenden des Missbrauchs sprechen. Es sollte sie nicht dazu verleiten, seelsorgliche Gespräche zu führen oder auf die Seite der Überlebenden zu treten. Es braucht vielmehr eine neue Eindeutigkeit und Verlässlichkeit, worauf der Jesuit Klaus Mertes schon früh hingewiesen hat. „Schüler, die vor 30 Jahren am Canisius-Kolleg missbraucht wurden, wenden sich heute an mich, weil ich der Rektor des Canisius-Kollegs bin. Sie wollen dem Vertreter der Institution begegnen, in deren Verantwortungsbereich sie missbraucht wurden. Der erste und wichtigste Dienst, den ich ihnen dann leiste, besteht darin, ihnen als Gesicht der Täterseite zugewandt zu sein."[49]

Im Rahmen der Eindeutigkeit und Verlässlichkeit kommen überdies Gott und die Theologie ins Spiel. Wer die Rede von Gott dazu benutzt, mit Verweis auf Gott selbst zu manipulieren, zu missbrauchen, argumentiert und handelt häretisch. Was Menschen durch Priester geschieht und geschehen ist, hat eine besondere Bedeutung für die Rede von Gott. „Im Alltag muss sich bewähren, was und wie über Gott gesprochen werden kann."[50] Rede von Gott bedeutet dann, die *theologici proprii* und *loci theologici alieni* in eine kreative

---

[46] *Nelle Morton*, The Journey is Home, Boston 1985, 205 „You heard me. You heard me all the way. […] I have a strange feeling you heard me before I started. You heard me to my own story. You heard me to my own speech (Hervorhebungen: im Original)." Vgl. *Stephanie Klein*, Hören als Ermächtigung zum Sprechen (Hearing to Speech). Zur Entdeckung einer theologischen Kategorie, in: Pastoraltheologische Informationen 17 (1997), 283–297.
[47] *Byung-Chul Han*, Die Austreibung des Anderen. Gesellschaft, Wahrnehmung und Kommunikation heute, Frankfurt a. Main 2016, 93 f.
[48] Vgl. *Erika Kerstner / Barbara Haslbeck / Annette Buschmann*, Damit der Boden wieder trägt. Seelsorge nach sexuellem Missbrauch, Ostfildern 2016, 101.
[49] Ein Gespräch mit Klaus Mertes SJ, in: Lebendige Seelsorge 61 (2010), 420–425, hier 424.
[50] *Hans-Joachim Sander*, Einführung in die Gotteslehre, Darmstadt 2006, 121.

Spannung zu bringen und zu halten.⁵¹ Diese auf Melchior Cano zurückgehende Unterscheidung besagt, dass es neben den der Theologie eigentümlichen Orten der Darstellung des Glaubens, wie Schrift und Tradition, die katholische Kirche, Konzilien, darüber hinaus Orte gibt, die ihr von außen zukommen, wie die Philosophie, die menschliche Geschichte, die natürliche Vernunft.⁵² Diese Unterscheidung ist bedeutsam für die Ortsbestimmung der Rede von Gott und für den Glauben selbst. Denn daraus ergibt sich, dass es Orte mit Autorität außerhalb der Kirche gibt, denen kirchlich und theologisch nicht mehr ausgewichen werden kann. Der Glaube der Kirche ist ein Ort in der Geschichte, auf den sich die Rede von Gott beziehen muss.⁵³ Und die Überlebenden von Missbrauch sind ein solcher Ort. Zur Autorität eines Glaubens gehört eben nicht nur der Glaubensakt, sondern zugleich die Fähigkeit, Konfrontationen nicht auszuweichen und im Diskurs sprachlich zu bestehen. Für eine solche Autorität sind drei Dinge erforderlich: ein entsprechendes Maß an Wissen, ein sachliches Urteil und der Mut zu den notwendigen Umsetzungen.

Vor diesem Hintergrund ist klar, dass das Herstellen von Autorität ein kommunikatives Beziehungsgeschehen ist. Es geht um Argumentation, Überzeugung und letztlich um die Freiheit des Gegenübers. Die andere Person entscheidet, ob Zustimmung erfolgt oder nicht. Und damit ist Autorität zwingend und notwendig von einer Macht zu unterscheiden, die jemand qua Amt und Funktion hat. So verstandene Autorität hat man nicht ein für alle Mal. Autorität kann man verlieren, aber auch zurückerlangen. Ein solches Verständnis von Macht und Autorität ist keine Selbstverständlichkeit, ist aber angesichts des Missbrauchs wegweisend. Denn es wirkt in die Theologie hinein, weil sich damit Positionierungen ergeben, die sich Ausschließungen im theologischen Diskurs widersetzen. Daran ist zu arbeiten, gerade im Diskurs mit Studierenden und Seminaristen. Denn mit disziplinarischen Maßnahmen, psychologischen Eignungstests und Korrekturen in der Ausbildung von Priestern allein ist es nicht getan. Es braucht eine theologische Bearbeitung des Missbrauchs in der katholischen Kirche. Warum? Weil man mit ihr systemisch dem Missbrauch in der katholischen Kirche richtig nah kommt, denn die Theologie beinhaltet Motive, sie bestimmt die Codes.⁵⁴

Deutlich wird dies z. B. im Kirchenbild der *societas perfecta*. Es ist noch immer in den Kapillaren der katholischen Kirche zu finden, auch wenn es mit dem Zweiten Vatikanischen Konzil inhaltlich längst überwunden ist. Kirche als *societas perfecta* sicherte sich gegenüber dem Staat mit Konkordaten ab. Sie entwickelte ein eigenes Führungssystem, mit eigener Ausbildung und klaren Zuordnungen der Mitglieder. Sie strukturierte durch Religion das Leben von Menschen von der Wiege bis zur Bahre. Und die Theologie (vor allem die Dog-

---

51 Vgl. *Elmar Klinger*, Ekklesiologie der Neuzeit. Grundlegung bei Melchior Cano und Entwicklung bis zum 2. Vatikanischen Konzil, Freiburg i. Br.–Basel–Wien 1978.
52 Vgl. *Hans-Joachim Sander*, Theologischer Kommentar zur Pastoralkonstitution über die Kirche in der Welt von heute. Gaudium et spes, in: *Peter Hünermann / Bernd Jochen Hilberath* (Hg.), Herders Theologischer Kommentar zum Zweiten Vatikanischen Konzil. Bd. 4, Freiburg i. Br.–Basel–Wien 2005, 581–886, hier 599.
53 Vgl. *Elmar Klinger*, Ekklesiologie der Neuzeit (s. Anm. 51), 19 f.
54 Vgl. *Gregor Maria Hoff*, Kirche zu, Problem tot! (s. Anm. 4), 33.

matik und Morallehre) sicherte sie inhaltlich ab und machte deutlich, dass es für innerkirchliche Belange und Positionen keine Außenperspektiven braucht.[55]

Der Umgang mit dem sexuellen und spirituellen Missbrauch kann als Beleg für dieses theologische Denken herangeführt werden und er zeigt zugleich an, dass lange Zeit Worte und Taten innerhalb der katholischen Kirche nicht übereingestimmt haben. Eine prekäre Theologie in Leitungsgremien der Kirche hat die dortigen Diskurse geprägt. Doch diese Theologie und Formatierung von Kirche ist weitgehend an ihr Ende gekommen. Diese Einsicht müssen gegenwärtig Verantwortungsträger in der katholischen Kirche gewinnen, denen der Widerspruch mit Wucht entgegentritt. Menschen innerhalb und außerhalb der Kirche messen die Kirche an dem, was sie sagt und was sie tut. Das Handeln der Kirche hat eben auch Offenbarungsqualität.[56] Es „zeigt, wo sie steht und wer sie ist"[57]. Und was sie sagt, gilt nicht, wenn sie nicht danach handelt.

Wer also an Gott glauben will, muss von dem wissen, wie nicht in diesem Glauben gesprochen und wie nicht im Verweis auf ihn gehandelt werden darf.[58] Auf die Spitze gebracht bedeutet dies, dass der Glaube allein nicht ausreichend ist, um von Gott christlich zu sprechen. Natürlich ist Glauben unerlässlich, aber erst im Zusammenhang mit den zwei anderen Haltungen, der Hoffnung und der Liebe, kommt man der Darstellung Gottes nahe.[59] Es ist gerade die Haltung der Hoffnung, die den Horizont des Glaubens erweitert, weil Hoffnung eben nicht nur ein Gefühl, sondern obendrein eine Entscheidung, eine Handlung ist. „Hoffnung ist nicht träge, kann es nicht sein."[60] Hoffnung zeigt sich im Tun, im Kontakt. Im Kontext der Theologie zeigt die Hoffnung, dass die theologische Wissensform ohne ein Außen, das sie anfragt, nicht sprachfähig ist. Glauben bedeutet deshalb eine Sprachfähigkeit gegenüber prekären Anfragen von außen; hier zeigt sich erst, ob Hoffnung und Liebe in diesem Glauben stecken oder es sich nur um blindes Festhalten an Sprachregelungen handelt.[61]

An diesem Punkt wird die Bedeutung der Glaubensfragen von Überlebenden des Missbrauchs offenkundig. Denn einem Glauben zustimmen zu können bedeutet, die Inhalte dieses Glaubens in das eigene Leben zu integrieren. Dem Glauben wird damit ein personaler Ausdruck gegeben, weil er die eigene Existenz anspricht.[62]

Angesichts des Missbrauchs ist es somit notwendig und konsequent, dass die Sprache über den Glauben und Gott neu gewon-

---

[55] *Hans-Joachim Sander*, Pastorale Berufe in der Zweiheit von Religions- und Pastoralgemeinschaft – eine Topologie der Seelsorge nach dem Konzil, in: *Georg Köhl* (Hg.), Seelsorge lernen in Studium und Beruf, Trier 2006, 450–464, hier 458.

[56] Vgl. *Elmar Klinger*, Kirche – die Praxis des Volkes Gottes, in: *Gotthard Fuchs / Andreas Lienkamp* (Hg.), Visionen des Konzils. 30 Jahre Pastoralkonstitution „Die Kirche in der Welt von heute" (Schriften des Instituts für Christliche Sozialwissenschaften 36), Münster 1997, 73–83, hier 80.

[57] Ebd.

[58] *Hans-Joachim Sander*, Einführung in die Gotteslehre (s. Anm. 50), 40.

[59] Vgl. *Erika Kerstner / Barbara Haslbeck / Annette Buschmann*, Damit der Boden wieder trägt (s. Anm. 48), 155.

[60] *Martha Nussbaum*, Das Königreich der Angst. Gedanken zur aktuellen politischen Krise, Stuttgart 2019, 235.

[61] Vgl. *Hans-Joachim Sander*, Einführung in die Gotteslehre (s. Anm. 50), 40.

[62] Vgl. ebd., 110 f.

nen werden muss. Wer nach dem sexuellen Übergriff durch Priester von Gott sprechen will, kommt gar nicht umhin, Gott neu zu sprechen, denn „Gott wohnt in der Sprache"[63]. Dabei ist Gott mehr als ein religiöser Wortkomplex. Gott ist im Sinn von Abduktionen nahe zu kommen, welche „Zumutungen für religiöse Überzeugungen freisetzen und Umkehrvorgänge in Glauben, Denken und Handeln beinhalten"[64]. Zu solchen Abduktionen zwingen die Glaubensfragen von Überlebenden des Missbrauchs. Sie stellen Glaubende vor die Zumutungen ihres eigenen Glaubens. Denn das, was Schutzbefohlenen angetan wurde, ist ein Verrat an Gott. Und sie klagen nicht nur an, sondern fragen, wie das ihnen zugeführte Leid durch Priester die Rede von Gott, das Beten, das Eucharistie-Feiern verändert. Und sie fragen Gott an. Einige Überlebende des Missbrauchs berichten, dass sie eine Liste haben, mit der sie am Ende der Tage vor Gott treten wollen. Alle Übergriffe, alle erfahrenen Schmerzen an Körper und Seele, alle Fragen sind darin festgehalten, auf welche sie in ihrem Leben keine Antworten bekommen haben. Dabei sind nicht sie es, die sich rechtfertigen und erklären müssen für das, was geschehen ist, sondern es ist Gott selbst.[65]

Überlebende des Missbrauchs konfrontieren mit verworfenen, verschämten und verschwiegenen Aspekten im Glauben und in der Kirche. In ihnen tritt zu Tage, was nicht gesehen, nicht wahr sein soll und doch präsent ist. Wer ihnen gegenübersteht, steht vor dem Kreuz. Die Glaubensfragen von Überlebenden des Missbrauchs konfrontieren mit einer Macht, die aus der Ohnmacht wächst. „Was die Frage nach der Macht der Ohnmacht betrifft, so habe ich diese in den letzten Monaten insbesondere in der Kommunikation mit den Missbrauchsopfern erlebt. Sie fühlen sich nicht mächtig, keineswegs, aber sie haben durch ihr Sprechen Berge in Bewegung versetzt. Insofern kann man durchaus auch sagen: vom Kreuz her kommt uns nicht nur Ohnmacht, sondern auch Macht entgegen."[66]

Eine solche Rede von Gott ist nicht von spiritueller Arroganz, Verspottung und Hohn durchzogen, die darin zum Ausdruck kommen, dass die Darstellung und Realität Gottes miteinander verwechselt werden und in der Kirchenvertreter sich mit Gott identifizieren, aber nicht mit den Menschen. Es sind in besonderer Weise die Erfahrungen von Menschen bedeutsam für die Theologie, so wie Schrift und Tradition ihre Bedeutsamkeit für die Erfahrungen der Menschen haben. So verstandene Rede von Gott hat einen intrinsischen Schutzschild gegen Gewalt und Ideologie. Und im Rahmen einer solchen Rede von Gott glaubt man Überlebenden und stellt beschämt fest, dass es elend ist, wenn eine Überlebende fragen muss: Glauben Sie mir?

Die Autorin: *Hildegard Wustmans war bis zum WS 2017/2018 Professorin für Pastoraltheologie an der Katholischen Privat-Universität Linz, Österreich. Jetzt leitet sie das Dezernat Pastorale Dienste im Bistum Limburg, kommissarisch das Dezernat Schule und Bildung und ist außerdem apl. Professorin am FB 07 der Goethe-Universität Frankfurt.*

---

[63] Ebd., 41.
[64] Ebd., 42.
[65] Vgl. *Erika Kerstner / Barbara Haslbeck / Annette Buschmann*, Damit der Boden wieder trägt (s. Anm. 48), 177.
[66] Ein Gespräch mit Klaus Mertes SJ (s. Anm. 49), 422.

Hermann Glettler

Für ein Plus an Vitalität

Zum Kulturauftrag der Kirche[1]

1 Einleitung

„Der Geist ist es, der lebendig macht!" *Der Heilige Geist* ist der Vivifikator, der Lebendigmacher, der Innovator und Ermöglicher des Neuen. „Dürrem gieße Leben ein!", heißt es in der berühmten Pfingstsequenz. Aber das Neue ist nicht ein Ding, das vom Himmel fällt. Es muss aus der Erde wachsen. Kulturarbeit ist somit meist ein neues Bebauen der vorhandenen Äcker, eine Weiterentwicklung der Tradition. Gelegentlich braucht es aber auch einen deutlichen Bruch, denn „neuer Wein muss in neue Schläuche".

Von welchem *Kultur-Begriff* sprechen wir? Selbstverständlich von einem ganzheitlichen, alle Lebensbereiche des Menschen tangierenden und integrierenden Begriff von Kultur. Menschsein ohne Kultur gibt es nicht. Im Speziellen meinen wir hier natürlich auch die sogenannte gehobene Kultur, also alle Zeugnisse eines bewussten kreativen Schaffens, das den Anspruch vermittelt, um seiner selbst willen von Bedeutung zu sein – und in den Rezipienten Denkanstoß im Sinne von Zuspruch, Widerspruch, Bewusstseinserweiterung anregt. Kunst ist all das, was nicht sein müsste – das humane Plus –, das sich vorderhand einer ökonomischen Logik entzieht bzw. ihr zu trotzen versucht. Eine lebendige Kirche ist in all ihren Handlungsfeldern Kultur prägend – wenn sie den theologischen Prinzipien von Inkarnation und Universalität treu bleibt.

Das II. Vatikanische Konzil erwähnt ausdrücklich die Autonomie, d. h. *„die Eigengesetzlichkeit"* zeitgenössischen Kulturschaffens (GS 59). Es wird gefordert, dass „das kulturelle Leben" bei allen zu fördern ist, auch bei Minderheiten, und dass zu verhindern ist, „dass die Kultur ihrem eigenen Zweck entfremdet und politischen oder wirtschaftlichen Mächten zu dienen gezwungen wird". Bedauerlicherweise finden sich in den Dokumenten des Konzils zu wenige konsequent entwickelte Passagen, aus denen sich ein systematischer Ansatz zu einem kirchlichen Kulturauftrag für Heute entwickeln ließe. Punktuell gibt es Hinweise in SC („Liturgie") und in GS („Kirche in der Welt von heute"). Ob wir für so einen Auftrag überhaupt bereit wären?

Wir sprechen zunehmend von wünschenswerten *„Kulturen"* und meinen Haltungen bzw. Desiderate für die Gesellschaft, die an Polarisierungen und Egoismen zu zerbrechen drohen: Wir fordern eine „Kultur" der Kommunikation, eine Kultur der Versöhnung, des Dialogs, der Begegnung... Im Blick auf das ökologische Desaster, in dem sich unser Globus befindet, postulieren wir zu Recht eine „Kultur" des Loslassens, des Maßhaltens, der Beschränkung und des Verzichts. Und im Blick auf neue Formen von Armutsgefähr-

---

[1] Vortrag anlässlich der Thomas Akademie an der Katholischen Privat-Universität Linz, 13. März 2019.

dungen und angesichts einer durchgängig globalisierten Welt fordern wir mit hoher Dringlichkeit eine „Kultur" des Ausgleichs, der globalen Geschwisterlichkeit und des solidarischen Handelns.

Mit „Kultur des", Genetivkonstruktion, benützen wir somit einen sehr weiten Begriff von Kultur im Sinne einer ganzheitlichen Lebensgestaltung zum Wohl aller. *In dieser Weite möchte ich auch den aktuellen Kulturauftrag von Kirche skizzieren*, der sich – für einige überraschend – im Begriff der „Evangelisation" wie ihn Papst Paul VI. in seiner programmatischen Schrift „Evangelii Nuntiandi [EN]" von 1975 verwendet, findet. Mehr davon im zweiten Teil meines Vortrags. Davon abgeleitet werde ich im dritten Teil einen sehr weiten, aber dennoch spezifisch christlichen Begriff von Spiritualität verwenden, der selbstverständlich auch ins Soziale und Politische hineinreicht. Beginnen möchte ich dennoch mit einem Blick auf die übertragenen Lasten jahrhundertealter Kulturgüter.

2 Kirche ist Verwalterin eines vielfältigen Kulturgutes

Im biblischen Bild des guten Verwalters (Mt 13,52) wird deutlich, dass dieser erstens immer wieder „Altes und Neues" aus seiner Schatztruhe hervorholt, und zweitens genau darauf achtet, wer zu welcher Zeit welche (geistliche) Nahrung nötig hat.

2.1 Last und Chance, Hypothek und Auftrag

„Die Kirche hat im Laufe der Jahrhunderte einen Schatz zusammengetragen, der mit aller Sorge zu hüten ist." (SC 123) Dieser Auftrag des Konzils ist nicht leicht zu erfüllen, wie ein Blick auf die konkreten Zahlen vermuten lässt. Die römisch-katholische Kirche in Österreich erhält 15716 unter Denkmalschutz stehende Objekte, davon 4634 Kirchen, 1756 Pfarrhöfe, 584 Ordensgebäude, 4058 Kapellen, 2373 Bildstöcke, 1974 Friedhöfe und 337 sonstige Objekte. Mit einem *Anteil von 41 Prozent der Denkmalobjekte* in Österreich ist die Kirche der größte Eigentümer. Dass dieser Besitz auch zugleich eine enorme Hypothek darstellt, erklärt sich von selbst. Zum Glück ist die Kulturgut-Bewahrung im Bewusstsein der Bevölkerung tief verankert. Es gibt ein hohes ehrenamtliches Engagement zur Erhaltung von Kirchen, Kapellen und anderen kirchlichen Kulturgütern – beachtlicherweise auch bei Leuten, die sich sonst eher in kritischer Distanz zur Kirche sehen.

Dennoch: Wir erleben ja nicht nur kulturell blühende Klöster wie hier in Oberösterreich, sondern auch Klosteranlagen, die von ihrer Architektur und Ausstattung her in der obersten Liga mitspielen könnten, aber aufgrund von Nachwuchsmangel geschlossen werden müssen. *Was tun?* Auch eine Form der Sterbebegleitung von Gemeinschaften und Klöstern ist notwendig, die einst christliches Lebensbewusstsein mit der dazugehörigen Ästhetik geprägt haben. Die Art und Weise, wie diese Prozesse gestaltet werden, kann ebenso zum Zeugnis einer guten kirchlichen Kulturarbeit werden oder auch nicht. Vor allem tut sich die große Frage der Nachnutzung bzw. neuen Verwendung der alten kirchlichen Anlagen auf. Ich denke an die aktuellen Beispiele in Tirol: Klosteranlagen in Imst, Reutte, Scharnitz, Thurnfeld, an das Notburgaheim in Eben sowie an die alte Jesuitenkirche in Hall. Wird es auch in unseren Breitengraden relativ zeitnah eine radikal säkulare Nutzung von nicht mehr gebrauchten Kirchen und Klöstern geben? Restaurants, Kulturinstitutionen, Start-Up Büros, soziale Institutionen u. a. in den ehemaligen heiligen Hallen? Zivil-religiöse und zivil-spirituelle Nutzungen sind als Alternativen auch anzudenken.

2.2 Denkmalschutz als öffentlicher Auftrag mit Entwicklungspotenzial

Denkmalschutz ist natürlich kein kirchliches Privatvergnügen, sondern eine Sicherung von gewachsenen Kulturgütern und -traditionen für die Zukunft – im Dienst der Allgemeinheit. Es gibt dafür einen staatlichen Auftrag und eine staatliche Verpflichtung. Dabei geht es nicht nur um den Erhalt von sakralen Objekten mit unschätzbarem Wert, sondern auch um die Wahrnehmung und Aufarbeitung der geistigen Inhalte, von denen diese Güter zeugen. Die Arbeit der Diözesanmuseen und anderer kirchlicher Kunstinstitutionen besteht also darin, die alten Schätze der Kirche zugänglich zu machen und für ein heutiges Verständnis zu erschließen. Der *Begriff des Denkmals* hat sich in dieser unersetzbaren Kulturarbeit selbstverständlich auch weiterentwickelt. Von einem rein statischen Begriff – das Denkmal ist ein Objekt, das seine Bedeutung hatte und möglichst zeitunabhängig zu konservieren ist – ist man längst weggekommen, um mit einem dynamischen Begriff des Denkmals auch das kulturelle und geistige Umfeld eines „materiellen" Zeugen miteinzubeziehen und auf seine damalige und heutige Wirkung hin zu befragen.

Kultur ist ein wesentlicher Bestandteil von Lebensqualität. Das heißt, Lebensqualität wird durch den Grad an Kultur sichtbar. Der Verlust von Kultur führt auch zu einem Verlust von Lebensqualität, die allerdings erst nach geraumer Zeit – wenn Kulturgüter nicht mehr vorhanden sind – spürbar wird. Kulturverlust ist ein Orientierungsverlust. Kulturelle Werte und Bezüge sind Fixpunkte, an denen Menschen sich orientieren und festhalten können.

2.3 Anschlussfähigkeit an zeitgenössische Kultur und Kunst sichern

Kirche muss sich heute demütig als Einladende und Gastgeberin bewerben, nicht als über die Arbeit zeitgenössischer Kulturschaffender Urteilende. Sie hat ihre maßgebliche, kulturbestimmende Rolle längst eingebüßt. Mit einem demütigen Selbstbewusstsein kann sie sich um Dialog und neue Aufträge bemühen. Leider ist dieser Paradigmenwechsel nicht in die Konzilstexte eingegangen. Dort wurde noch behauptet, dass die Kirche „die Künstler zu unterweisen" und „über die Werke der Künstler zu urteilen und entscheiden" habe (SC 122). Das euphorische Postulat „Auch die Kunst unserer Zeit und aller Völker und Länder soll in der Kirche Freiheit der Ausübung haben" wird leider durch den Zusatz abgeschwächt „sofern sie den Gotteshäusern und den heiligen Riten mit der gebührenden Ehrfurcht und Ehrerbietung dient" (SC 123). Diese Art der Unterordnung erschwert meines Erachtens einen angemessenen partnerschaftlichen Umgang mit den Kulturschaffenden der heutigen Zeit.

Die Kunst der Gegenwart ist natürlich kein Allheilmittel gegen Lebensfrust und andere Erschöpfungszustände so mancher Zeitgenossen, aber sie trägt in sich ein hohes Potenzial zur Stärkung des Menschen, zur ständig notwendigen Aufklärung im Dienste der Freiheit, sowie zur Entlastung innerhalb einer nervösen und ungeduldigen Gesellschaft. Kunst und Kirche versuchen der Banalisierung des Lebens und dem fatalen Druck der totalen Ökonomisierung unseres Lebens entgegenzuwirken. Eine ernsthafte Kooperation mit Gegenwartskunst kann in erstarrte kirchliche Gemeinden eine neue geistige Vitalität bringen, Milieuverfestigungen in Frage stellen und durchlässig machen.

3 Evangelisation im umfassenden Sinn ist Kulturarbeit

„Der *Bruch zwischen Evangelium und Kultur* ist ohne Zweifel das Drama unserer Zeitepoche, wie es auch das anderer Epochen gewesen ist. Man muss somit alle Anstrengungen machen, um die Kultur, genauer die Kulturen, auf mutige Weise zu evangelisieren. Sie müssen durch die Begegnung mit der Frohbotschaft von innen her erneuert werden. Diese Begegnung findet aber nicht statt, wenn die Frohbotschaft nicht verkündet wird." Diese wuchtige Ansage stammt von Papst Paul VI. aus seinem heute noch frischen Basisdokument zum Auftrag der Evangelisation (EN 20). Nach Papst Franziskus, der sich 40 Jahre später in vielen Punkten auf dieses epochale Schreiben bezieht, geht es um den Paradigmenwechsel von einer rein bewahrenden Kirchlichkeit, die ihren Anspruch mit zunehmender Defensive verteidigt, hin zu einer missionarischen Kirche, die sich hinauswagt und die Initiative ergreift (Evangelii Gaudium 24). Eine evangelisierende Kirche, so Papst Franziskus weiter in seinem programmatischen Schreiben, „stellt sich durch Werke und Gesten in das Alltagsleben der Menschen", verkürzt die Distanzen und erneuert sich ständig in der Sorge um den Menschen von heute. Evangelisation greift damit in die Alltags- und Lebenskultur der Menschen ein.

3.1 Eine ganzheitliche Evangelisation prägt Alltags- und Lebenskultur

„Evangelisieren besagt für die Kirche, die Frohbotschaft in alle Bereiche der Menschheit zu tragen und sie durch deren Einfluss von innen her umzuwandeln und die Menschheit selbst zu erneuern." (EN 18) Es geht darum, dass „durch die Kraft des Evangeliums die Urteilskriterien, die bestimmenden Werte, die Interessenpunkte, die Denkgewohnheiten, die Quellen der Inspiration und die Lebensmodelle der Menschheit, die zum Wort Gottes und zum Heilsplan im Gegensatz stehen, umgewandelt werden." (EN 19)

Aber wie kann es gelingen, dass die Lebensrelevanz der christlichen Botschaft und ihrer Themen in der Mitte unserer Gesellschaft wieder ankommt – auf den Marktplätzen und Meinungsforen unserer Zeit? Vielleicht beginnt dies alles ganz leise. Es ist eine herausfordernde Frage an uns im kirchlichen Milieu, in unserer Seel-Sorge, wieviel Zuhör- und Zuspruchs-Kraft wir darauf verwenden, dass jeder Mensch seine (alltägliche) Lebens-Kultur weiterbauen und weiterentwickeln kann. Denn die christliche Botschaft hat als einen Kern ja die Einmaligkeit jedes Menschen. Sie fordert uns heraus, mit den Gaben, die Gott uns gegeben hat, verantwortungsvoll umzugehen – und bitte nicht vergessen: Uns auch selbst zu mögen.

Das Postulat einer Kultur prägenden Evangelisation ist in jedem Fall eine beachtliche Vorgabe. Es fühlt sich als Überforderung an. Die vielfache Ent-Machtung der Kirche tut weh, aber wahrscheinlich ist sie heils-notwendig – Einfluss, Ansehen und Privilegien der Vergangenheit werden teils berechtigt in Frage gestellt und uns genommen. Die tiefe Wunde der Missbrauchsgeschichte erledigt das Übrige. Was ist zu tun? Lernen! Voneinander und von den Armen. Wir selbst haben zuerst Lernbedarf! Wieder ganz von vorne beginnen – in der Schule der uns von Gott zugemuteten Armut. Das Zerbrechen bzw. lautlose Entschwinden volkskirchlicher Strukturen könnte eine notwendige Stimulation sein.

„Glauben wir an unsere Zukunft?" Unter diese provokante Frage hat die Diözese Graz-Seckau ihr 800-Jahr-Jubiläum gestellt. In einer Zeit, in der von Zuversicht keine Rede mehr sein kann[2] – einen Aufbruch wagen? Zukunft säen? Im Glauben an den Auferstandenen – der kein Hero ohne Wundmale ist! – gibt es eine Trotzdem-Kraft, eine Trotzdem-Freude, die uns wieder geschenkt werden kann. Denn eines ist klar: Wenn die christliche Botschaft, also das Neue, das Jesus in unsere Welt gebracht hat, für den Pulsschlag unserer aktuellen Gesellschaft keine Rolle spielt, dann marginalisiert sich kirchliche Kulturarbeit auf die Bemühungen eines Verschönerungsvereines – wenn auch auf kirchliche Riten und Gebräuche spezialisiert.

3.2 Bildung ist ein wesentlicher Teil kirchlicher Kulturarbeit

„Es sind ernste Anstrengungen zu machen, dass sich alle des Rechtes auf Kultur bewusst werden und der Pflicht, sich selbst zu bilden und andere bei ihrer Bildung zu unterstützen; gibt es doch mitunter Lebens- und Arbeitsbedingungen, die die kulturellen Bemühungen des Menschen behindern und das Streben nach Kultur in ihnen ersticken." (GS 60)

Die Kirche verfolgt einen ganzheitlichen Bildungsauftrag nach humanistischem Ideal, das sich in der konkreten Umsetzung in einer vielfach bunter werdenden Gesellschaft zu bewähren hat. Oft stehen den vielen Vorteilen von wachsender Technisierung und Digitalisierung, steigender sozialer und territorialer Mobilität Verunsicherung, Perspektivenlosigkeit und Sinnleere entgegen. Man kann durchaus von einer wachsenden Pluralitäts-Müdigkeit sprechen. Das Verlangen nach unmissverständlichen Antworten und Identitätsmarkierungen angesichts einer immer größeren sozialen Komplexität steigt. Es ist das Einfallstor für populistische Verkürzungen und Manipulationen. Der Ruf nach verlässlichen Werten – und das Kampfgetöse ihrer Verteidigung werden immer lauter.

Kirchliche Bildungsarbeit muss sich in dieser aktuellen Situation bewähren und Identität stiften –, ohne andere Weltanschauungen und religiöse Überzeugungen abzuwerten. Die Kirche hat weit über den Kreis ihrer Mitglieder hinaus seit 2000 Jahren kulturelle Identität geschaffen. Ohne diese Prägekraft wäre die abendländische Kultur jedenfalls wesentlich ärmer an Inhalten und ästhetischen Zeugnissen –, auch wenn sie sich an ihrem christlichen Erbe mehr oder weniger aggressiv „nur" abarbeitet. Bildung ist gefragt, denn eine Gesellschaft, die mit ihren kulturellen und religiös begründeten Eigenheiten umgehen kann und diese Identität pflegt, tut sich auch leichter damit, dem Anderen, dem Fremden Raum zu geben. Sie braucht keine Feindbilder, um sich ihrer Identität gewiss zu sein. Man könnte etwas salopp auch sagen: Das Gespräch mit den Gleichgesinnten beherrschen wir schon, jetzt ist das Gespräch mit den Andersdenkenden an der Reihe.

---

[2] Vgl. *Heinz Bude*, Das Gefühl der Welt. Über die Macht von Stimmungen, München 2016.

3.3 Die Option für die Armen ist ein Kultur prägender Ansatz

Die Zukunft der Kirche liegt in einer radikalen, diakonischen Hinwendung zum Menschen in einer dienenden Rolle –, in einem Dienst, „den die Not der Menschen bestimmt" (Alfred Delp) –, nicht der soziale und ästhetische Geschmack der Kirchengemeinde, gutgemeinte Lebensentwürfe, pädagogische Konzepte oder sozialpolitische Programme.

Die vorausgehende Frage ist immer: In welchen Gesichtern von Armut – man kann auch von den Zeichen der Zeit sprechen – spricht uns heute der lebendige Christus an und bittet: Gib mir zu trinken! Oder: Gebt ihr ihnen zu essen! Ist es ein desaströses Sinn-Defizit, das sich in allen gesellschaftlichen Schichten beobachten lässt? Ist es eine seelische Obdachlosigkeit, die mit einer existenziellen Zerstreuung des Menschen einhergeht, der zwar mit einer Fülle von News und Infos überfrachtet ist, aber sich innerlich nirgendwo mehr zu Hause fühlt. Ist es das Gefühl der Entfremdung – der stille Raub von Freiheit und Selbstbestimmung, weil große Plattformkonzerne (Google, fb, Apple, Amazon) zunehmend über uns Bescheid wissen und uns zu Konsumenten in ihren Systemen degradieren?

Caritas ist der Ernstfall des Evangeliums. Es gibt keine Frohe Botschaft von Gott, die nicht in der konkreten Sorge für den Nächsten Gestalt annimmt. Damit wird sie kulturell relevant. Caritas ist somit kein Nebenschauplatz von Kirche. Sie ist ganz im Zentrum. Das Evangelium proviziert einen neuen Lebensstil, der von Freude und Solidarität geprägt ist. Wirkliche Freude erwächst aus einem leidenschaftlichen Engagement für Menschen, die in Not sind. Es war einer der weitreichendsten Fehler der Neuzeit, der sich im Kulturkampf mit einer zunehmend stärker säkularisierten und sich antikirchlich artikulierenden Öffentlichkeit eingeschlichen hat: Der Glaube wurde privatisiert und entpolitisiert, d.h. in den Bereich privater Devotion gedrängt, weg vom eigentlichen gesellschaftlichen Leben.

Die Art und Weise, wie eine Gesellschaft mit ihren schwächsten Mitgliedern umgeht, ist ein Ausweis ihrer Kultur. Jede Form der Marginalisierung, des Ausschlusses der Notleidenden und Armutsgefährdeten von der Möglichkeit, gesellschaftliches Leben mitzugestalten, ist als Unkultur zu bezeichnen und abzulehnen. Analog dazu ist ein respektvoller Umgang mit Minderheiten der Ausweis für eine gute und funktionierende Demokratie.

4 Christliche Spiritualität prägt Lebenskultur

Mehr denn je ist Spiritualität gefragt. Welche, ist natürlich die Frage. Mit Sicherheit ist zur Wahrung einer Überlebenschance unserer Erde eine Spiritualität der Dankbarkeit vonnöten – als Gegenentwurf zur Gier. Ebenso braucht es eine Spiritualität der Solidarität, d.h. der inneren Anteilnahme am „chaotischen Gemenge" der Menschheitsfamilie mit ihren Verwundungen und Ungleichzeitigkeiten. Gegenüber den gezielt eingesetzten Diktaten der Angst ist eine „Spiritualität des Vertrauens" überlebensnotwendig.

4.1 Wertschätzung und Dankbarkeit

Aufgrund von Lebenserfahrung und durch die seelsorgliche Begleitung von Menschen bin ich zur Überzeugung gekommen: Dankbarkeit und die daraus entstehende

Lebens- und Zukunftsperspektive ist der Königsweg zum Glauben, die Not maximal der Fluchtweg. Die Not kann nämlich auch das Fluchen lehren und an den Lebensabgrund zerren. Wer vom Modus des Forderns und Einklagens wegkommt, gewinnt für sich persönlich an Lebensqualität und wird auch für seine Umgebung verträglicher. Oft scheint es so zu sein, dass es die Erfahrung einer Krise braucht, d. h. ein existenzielles Verunsichert-sein, um das alltäglich Selbstverständliche, die Gabe des Lebens und die vielen damit zusammenhängenden positiven Aspekte als solche wahrzunehmen und wertzuschätzen. Wer grundsätzlich dankbar ist, kann auch mit zeitweiligen Entbehrungen gelassener umgehen. Das Gegenteil von Dankbarkeit ist eine unstillbare Gier nach Noch-Mehr und das Gefühl, in allem zu kurz zu kommen. Undankbarkeit ist Unkultur par excellence.

4.2 Spiritualität als Unterbrechung

Wir haben uns an ein sehr hohes Tempo in nahezu allen gesellschaftlichen Bereichen gewöhnt. Dieser Hochgeschwindigkeitslebensstil muss um des Lebens willen unterbrochen werden. Wirkliche Spiritualität ist immer eine Form der Unterbrechung, ein Stopp im Optimierungswahn unserer Zeit. Spiritualität bedeutet, dem Wesentlichen Raum geben, die Hamsterräder des Funktionierens anzuhalten und innehalten, sozusagen dem Vor- und Nach-Denken Vorrang zu gewähren. Manchmal wird uns die lebensnotwendige Unterbrechung durch eine nicht erwartete Störung einfach „verordnet". Wirkliche Spiritualität ist eine Einübung ins Loslassen, in die Reduktion des Eigenen, um dem Du mehr Raum zu geben. Dafür ist es notwendig, die eigene Geschäftigkeit ganz bewusst und gezielt zu bestimmten Zeiten zurückzulassen.

4.3 Gott beim Namen nennen

Andreas Maier, einer der wichtigsten deutschsprachigen Autoren der jüngeren Generation, hat in einem Interview erklärt: „Irgendwann habe ich damit angefangen, mir die Verwendung des Wortes Gott zu gönnen. Wenn man sich dieses Wort verbietet, hat man extreme Schwierigkeiten, bestimmte Dinge zu sagen."[3] Christliche Spiritualität versucht inmitten einer sich verschließenden Welt den Horizont auf Gott hin offenzuhalten und das gewaltig Neue der Person und Botschaft Jesu zu bezeugen. Oftmals frage ich mich, warum wir uns schämen, Jesus Christus beim Namen zu nennen. Handelt es sich denn nicht um die wichtigste, Welt-Kultur prägende Gestalt der Menschheitsgeschichte?

Martin Walser, der mit der Aussage überrascht, selbst seit Jahren ein Gottesprojekt zu verfolgen, sagt: „Wer sagt, es gebe Gott nicht, und nicht dazusagen kann, dass Gott fehlt und wie er fehlt, der hat keine Ahnung."[4] Weiter: „In der Welt der Atheisten hat die Leere keinen Platz. Leere gibt es nur dort, wo Gott fehlt. Und wo er dann durch keinen -ismus ersetzt wird. Eine Welt ohne Leere ist eine zu arme Welt." Und selbst bekennt Walser: „Gott fehlt. Mir."

4.4 Gegen die Vergötzung von Stärke und Erfolg

Dem unperfekten und beeinträchtigten Leben Wertschätzung zukommen zu las-

---

[3] ZEIT-Gespräch Ulrich Greiners mit Schriftsteller Andreas Maier; online: https://www.zeit.de/2005/12/L-Maier-Inter [Abruf: 13.11.2019].
[4] *Martin Walser*, Über Rechtfertigung. Eine Versuchung, Reinbek b. Hamburg 2012.

sen, ist ein enorm wichtiges Signal. Christliche Spiritualität entpuppt sich damit als Kritik am Perfektionswahn unserer Zeit. Alles, was von der idealisierten Norm abweicht, was der Idealvorstellung des perfekten Körpers nicht entspricht, alles, was aufgrund einer Beeinträchtigung, Altersschwäche oder Krankheit nicht mehr mit den Ansprüchen einer hochgestylten Gesellschaft mithalten kann, wird als beschämendes Defizit, als Niederlage oder persönliche Katastrophe erlebt. Das ist heillose Unkultur, die einer Korrektur bedarf. Die jesuanische Frohbotschaft lautet: Selig, die schwach sind, die weinen können und keine Gewalt anwenden – weder gegen sich noch gegenüber anderen! Selig, die Kleinen und Unbedeutenden! Es ist der fundamentale Hinweis darauf, dass wir in einer unvollkommenen Welt leben. Die Seligpreisungen sind ja Bausteine für die kommende, vollkommene Welt, die wir erhoffen und an die wir glauben.

4.5 Der Seele Nahrung geben

Was bedeutet das? Aufbau von Resilienz, Kommunikationsfähigkeit und Kompromissfähigkeit. Wer innerlich leer ist, hat keine Widerstandskraft und meist auch keine Belastbarkeit. Alles wird zu viel und unerträglich. Aber wir müssen einander und uns selbst ertragen. Alles andere führt in die zerstörerische Aggression. Geduld ist als neue alte, überlebensnotwendige Tugend zu entdecken!

Der österreichische Dramaturg Max Reinhardt hat im Jahr 1917, also während des Ersten Weltkrieges, eine Denkschrift zur Errichtung eines Festspielhauses in Salzburg verfasst und in diesem Text von Kunst als einem „Lebensmittel" gesprochen. Reinhardt schrieb, dass die Kunst sich in den Stürmen des Krieges nicht nur behauptet, sondern als unumgänglich notwendig erwiesen habe für alle, die für ihre Seele Heimstätten suchten. Sie sei „nicht nur ein Luxusmittel für die Reichen und Saturierten, sondern ein Lebensmittel für die Bedürftigen"[5]. Deshalb muss möglichst vielen der Zugang zum „Lebensmittel Kunst" ermöglicht werden. Hinweisen möchte ich auf die Aktion „Hunger auf Kunst & Kultur"[6], ebenso auf das Operndorf von Christoph Schlingensief in Burkina Faso[7].

4.6 Der „Transkulturalität" des Humanen Rechnung tragen

Das Evangelium besitzt eine „transkulturelle Botschaft", die sich je nach Zeit und Ort immer in einer bestimmten Kultur inkarniert. Christus gehört – obwohl Jude und in Palästina aufgewachsen und gelebt habend – allen Menschen und Völkern. Vorsicht vor der „Sakralisierung einer bestimmten Kultur", die scheinbar idealerweise mit dem Genuinen des christlichen Glaubens harmoniert. Mit der Mission der neuentdeckten Länder ging der Export der abendländischen Kultur einher. Was damit auch an Zerstörung indigener Kulturen passiert ist, steht uns heute deutlich als historische Schuld vor Augen. Die Bezeichnung (traditionelle) Kultur sagt aber auch noch nichts über die Qualität des Humanen aus. Erschütterndes Beispiel: Die Beschneidung der Frau wird in verschiedenen Ländern Afrikas noch im-

---

[5] Vgl. https://www.sn.at/salzburger-festspiele/max-reinhardts-denkschrift-von-1917-zur-errichtung-eines-festspielhauses-7870618 [Abruf: 13.11.2019].
[6] https://www.hungeraufkunstundkultur.at/ [Abruf: 13.11.2019].
[7] http://www.operndorf-afrika.com/ [Abruf: 13.11.2019].

mer als unaufgebbarer Teil der überlieferten Kultur bezeichnet. Eine Hollywood-Brave-New-World Unkultur darf natürlich nicht der banalisierende Kulturmotor werden. Durch das Evangelium Jesu kommt es zu einer Kritik, Reinigung und einer von innen her sich vollziehenden Befruchtung unterschiedlichster Kulturtraditionen.

Wichtig ist die Förderung und der Austausch von Kulturen – der Aspekt des interkulturellen Lernens kann nicht hoch genug angesetzt werden. Darin liegt eine große Chance, dass wir als Menschen reifen und zu einer einzigen Menschheitsfamilie zusammenwachsen.

5 Abschluss

Mit einer kurzen Hommage für Günther Rombold möchte ich schließen. Er war ja über Jahrzehnte kunstsinniger Motor und kunstsinniges Gewissen in der Diözese Linz.

Ein Zitat von ihm, fast willkürlich hervorgehoben: „Kunst ist die Sprache der Religion, auf sie verzichten heißt sprachlos werden."[8]

Der Autor: *1965 in Übelbach in der Steiermark geboren; Studium der Theologie und Kunstgeschichte in Graz, Tübingen und München; 1991 zum Priester geweiht; von 1999 bis 2016 Pfarrer in Graz St. Andrä-Karlau, wo er der Kunst viel Raum widmete; anschließend Bischofsvikar für Caritas und Evangelisation in der Diözese Graz-Seckau; im September 2017 von Papst Franziskus zum Bischof der Diözese Innsbruck ernannt und am 2. Dezember 2017 in der Olympiahalle in Innsbruck zum Bischof geweiht; in der Österreichischen Bischofskonferenz zuständig für den Bereich „Kunst und Kultur".*

---

[8] Statement für die Publikation *Martina Gelsinger / Alexander Jöchl / Hubert Nitsch* (Hg.), Kunst und Kirche auf Augenhöhe. Künstlerische Gestaltungen in der Diözese Linz 2000 bis 2010, Linz 2010.

Florian Wegscheider

Die Ursprünge des Advents
Eine liturgiehistorisch-christologische Spurensuche

1 Einleitung

In der bisherigen liturgiewissenschaftlichen Forschung zu einzelnen Kirchenfesten bzw. Festzeiten lag der Fokus vor allem auf dem Osterfest mit all seinen weiteren Begleitfesten (Karfreitag, Himmelfahrt, Pfingsten etc.). Bei den zahlenmäßig überschaubaren Publikationen zur Genese weiterer Feste ist auszumachen, dass das Fest der Geburt Christi eine zentrale Rolle einnimmt. Dabei beschränken sich die bisherigen Ergebnisse vor allem aber auf der Frage, in welcher Region der Alten Kirche das Geburtsfest zuerst festzumachen und ob Weihnachten (Nativitas) oder Epiphanie älter sei. Mit der hier in gebotener Kürze wiederzugebenden Dissertationsschrift[1] sollen die Ursprünge des Advents erstmals ausführlich dargestellt werden. Dabei ist es erstaunlich, dass bisher noch keine systematischen Versuche unternommen worden sind, ein allgemeines Bild der Entstehung des Advents zu zeichnen, wo doch diese liturgische Zeit stark in der (zumindest westeuropäischen) Kulturmentalität verhaftet ist.

Am Beginn des 20. Jahrhunderts wurden vereinzelt Versuche unternommen, die Ursprünge des Advents anhand von Quellenbelegen ausfindig zu machen. Dabei können zwei unterschiedliche Thesenstränge ausgemacht werden, welche in den weiteren Jahren Rezeption gefunden haben. Der *erste Strang*, welcher sich vor allem in Richtung des östlichen Teils des damaligen Römischen Reiches orientiert, ist mit dem französischen Theologen Martin Jugie[2] verbunden. Der *zweite Strang* versucht hingegen eine Parallelisierung zwischen der Vorbereitung auf Ostern und jener auf das Geburtsfest stark zu machen. Hierfür ist vor allem Josef Andreas Jungmann[3] zu nennen. In der hier zu beschreibenden Dissertation wurde eine Vielzahl an Quellen gehoben und neu analysiert. Dabei konnte festgestellt werden, dass sich die Vorbereitungszeit auf das Geburtsfest (unser heutiges Weihnachten) aufgrund der christologischen Kontroversen am Ende des 4. bzw. am Anfang des 5. Jahrhunderts entwickelt hat. Mit der Etablierung der liturgischen Feier der Geburt Christi sollte den christlichen Gemeinden ein – mitunter jeweils anders konnotiertes – Christusbild vermittelt werden. Eine Deutung desselben erfolgte im zeitlichen Vorfeld des neu entstandenen Geburtsfestes. An dieser Stelle sollen drei

---

[1] *Florian Wegscheider*, Der liturgische Advent. Eine liturgiehistorische und heortologische Untersuchung der Ursprünge und Anfänge einer Vorbereitungszeit auf das Geburtsfest Christi, eingereicht und angenommen an der Fakultät für Theologie der Katholischen Privat-Universität Linz (2018).
[2] Vgl. *Martin Jugie*, La première fête mariale en Orient et en Occident, l'Avent primitif, in: EO 22 (1923), 129–152.
[3] Vgl. *Josef Andreas Jungmann*, Advent und Voradvent. Überreste des Gallischen Advents in der Römischen Liturgie, in: *ders.*, Gewordene Liturgie. Studien und Durchblicke, Innsbruck 1941, 232–294.

Beispiele für diese christologischen Akzentuierungsversuche folgen.

2 Synode von Saragossa (380)

Im Zuge der sogenannten Konstantinischen Wende kam es zu einem sprunghaften Anstieg an Christinnen und Christen, die nicht primär aus religiösen Gründen das Christentum gewählt hatten, sondern sich davon vor allem eine Steigerung ihres gesellschaftlich-politischen Einflusses versprachen. Das resultierte nicht zuletzt aus der kaiserlichen Religionspolitik, die verstärk auf das Christentum als möglichen Garanten für die Einheit im Römischen Reich setzte. Als eine Art Gegenbewegung zu dieser „Vergesellschaftlichung" des Christentums entwickelten sich geistliche Strömungen, die für ein rigoroser gedachtes Christentum plädierten. Der Priszillianismus – eine dieser Bewegungen – etablierte sich im letzten Viertel des 4. Jahrhunderts im heutigen Spanien.[4] Das Anliegen dieser Gruppierung war: Christen hätten ein asketisches, mitunter zurückgezogenes und besitzloses Leben im Sinne der Heiligen Schriften zu führen.[5] Inwiefern der Priszillianismus die in der Literatur angeführten gnostische Tendenzen aufgewiesen habe, kann anhand der heutigen Quellenlage nicht mehr eindeutig gesagt werden. Mit der Synode von Saragossa im Jahr 380 fand aber eine kirchliche Versammlung statt, die bewusst auf die priszillianische Bewegung, wenngleich diese nicht namentlich nennend, reagierte. In acht Punkten, die ausschließlich auf die Anhänger Priszillians abzielten, verurteilten die anwesenden Bischöfe gewisse Praktiken und Lehren. Einer der canones (can. IV[6]) verbot unter Androhung des Anathems (kirchlicher Bannfluch) das Fernbleiben von der Ekklesia[7] in den Tagen vom 17. Dezember bis zum 6. Januar. Hier ist festzuhalten, dass am 6. Januar das Epiphanie-Fest als Geburtsfest Christi gefeiert wurde. Die Synodenväter verurteilten aber nicht pauschal die Absenz, sondern führten jene Praktiken an, welche dazu führten, dass Gläubige an den genannten Tagen nicht zur Ekklesia kommen könnten: zu Hause zu bleiben, auf das Land zu reisen, sich in die Ber-

---

[4] Vgl. *Tarmo Toom*, Was Priscillian a modalist monarchian?, in: The Harvard theological review 107 (2014), 470–484.

[5] Vgl. *Sulpicius Severus*, chronica II, 46 (*Andreas Merkt* [Hg.], Das frühe christliche Mönchstum. Quellen und Dokumente von den Anfängen bis Benedikt, Darmstadt 2008, 153).

[6] „Wie an drei Wochen, die vor Epiphanie liegen, niemand von der Kirche fernbleiben soll. Nochmals steht geschrieben: 21 Tage lang, zwischen dem 16. Tag vor den Kalenden des Januars [17. Dezember] und dem Tag von Epiphanie, welches am achten Tag vor den Iden des Januars [6. Januar] ist, soll es keinem erlaubt sein, mehrere Tage nacheinander von der Kirche fernzubleiben, weder sich in den Häusern zu verbergen, noch auf dem Landgut zu verweilen, sich in die Berge zurückziehen oder barfuß zu gehen, sondern zusammenzukommen zur Ekklesia. Wer auf diese Weisungen nicht Acht gegeben haben wird, der wird für immer mit dem Anathema belegt werden. Es ist eine Weisung von den gesamten Bischöfen: Man wird mit dem Anathema belegt werden." [Übersetzung des Autors] Synode von Saragossa (380), can. IV (Vgl. *Franco Gori* [Hg.], I canoni dei concili della chiesa antica vol. 1. I concili latini. I concili spagnoli [SEA 137], Rom 2013).

[7] Der Begriff Ekklesia ist für die Spätantike nur äußerst schwer zu definieren. Eine mögliche Übersetzung ist schlicht „Kirche". Damit kann sowohl das Gebäude, die Gemeinschaft, aber auch die liturgische Versammlung gemeint sein.

ge zurückzuziehen.⁸ Der Beschluss der Synode von Saragossa wirft die Frage auf, warum es den Bischöfen derart wichtig gewesen war (Androhung des Anathems), dass die Gläubigen in genau diesen drei Wochen vor Epiphanie zur Ekklesia kommen sollten. Die Antwort kann nur in der Bedeutung dieser Zeit von drei Wochen selbst liegen, schließlich zielte die Synode nicht ausschließlich auf das Fest am 6. Januar ab. Wären die Anhänger des Priszillianismus auch an Epiphanie der Ekklesia ferngeblieben, dann hätte dies genügt, um die Bewegung zu verbieten. Dem war aber nicht so. Das legt die Vermutung nahe, dass die Priszillianer sehr wohl am 6. Januar die Ekklesia aufsuchten, nicht aber in den Tagen davor. Wären die Gläubigen bewusst an Epiphanie ferngeblieben, wären sie bereits aufgrund dieses Umstands von der Gemeinschaft ausgeschlossen geworden. Anzunehmen ist: Epiphanie muss als wichtiges Fest erst wenige Jahre⁹ vor der Synode im Bereich von Saragossa Etablierung gefunden haben; es gedachte liturgisch der Inkarnation Gottes. Insofern die christlichen Vorstellungen von der Inkarnation im 4. und 5. Jahrhundert divergierten, war es vonnöten, den Festgehalt näher zu erläutern und zu bestimmen: Wie ist die Menschwerdung Christi als Gott recht zu verstehen?

Der um das Jahr 400 verfasste Brief¹⁰ einer Asketin, welcher deutlich priszillianischer Prägung ist, forderte von den Gläubigen ein Zurückziehen in die Wüste, um dort Christus geistig zu gebären. Dies spricht für eine gnostische Ausrichtung der Bewegung, gegen welche die Synode wenige Jahre vor der Abfassung des Briefes vorgehen wollte. Wahrscheinlich ist, dass die Bischöfe 380 das Fernbleiben verboten, damit die Gläubigen in den drei Wochen vor Epiphanie auf den von der Synode als orthodox betrachteten Festgehalt und die damit verbundene christologische Ausrichtung eingestimmt würden. Daher ist anzunehmen, dass die erwähnten exakten drei Wochen bereits um das Jahr 380 eine liturgische Prägung hin auf das Epiphanie-Fest mit dessen Gehalt der Inkarnation Gottes erfahren hatten. Diese Prägung schienen die Bischöfe auf der Synode von Saragossa möglicherweise auch in Hinblick auf die christologischen Kontroversen, welche ein Jahr später auf dem Konzil von Konstantinopel einen ersten und nur vorläufigen Abschluss in der Verurteilung des Arianismus fanden, zu schützen. Aufgrund der doppelten Quellenlage, des bewusst antipriszillianisch formulierten Verbotes des Fernbleibens von der Ekklesia vor Epiphanie auf der Synode von Saragossa und des gegen dieses Verbot polemisierenden Schreibens einer Asketin, ist mit hoher Wahrscheinlichkeit anzunehmen, dass mit dem can. IV der erste Hinweis für eine Vorbereitungszeit auf das Geburtsfest vorliegt. Der Grund für die Etablierung dieser Vorbereitungszeit scheint einzig in den christologischen Kontroversen der damaligen Zeit gefunden werden zu können.

3 Maximus I. von Turin

Der nächste Hinweis auf eine liturgisch begangene Zeit vor dem Geburtsfest findet sich bei Bischof Maximus I. von Tu-

---

⁸ Vgl. Anm. 6.
⁹ Der älteste gesicherte Beleg für die Feier von Epiphanie ist mit dem Jahr 361 in Vienne (heutiges Frankreich) zu datieren.
¹⁰ Manuskript 190 der Stiftsbibliothek St. Gallen (*Germain Morin*, Pages inédites de deux Pseudo-Jérômes des environs de l'an 400, in: RBen 40 [1928], 289–318, hier 296–302).

rin. Im Rahmen der Schriften-Überlieferung allerdings besteht folgende Problematik: Zur beinahe selben Zeit finden sich in Turin zwei Episkopen gleichen Namens. Die hier vorzustellenden Quellen beziehen sich auf jenen Bischof, der von zirka 400 bis 420 gewirkt haben muss.[11] Innerhalb des als authentisch ausgewiesenen Predigtkorpus finden sich drei Homilien (sermones 60, 61, 61a), welche mit an Sicherheit grenzender Wahrscheinlichkeit zeitlich kurz vor dem Geburtsfest (in dieser Zeit und Region bereits am 25. Dezember) gehalten wurden. In bildreicher Sprache verglich Maximus die Geburt Christi mit dem Geburtstag des Kaisers, an dem sich dessen Entourage besonders gewandet, um dem Herrscher auf diese Art und Weise Hochachtung entgegenzubringen. In gleicher Weise sollen sich die Gläubigen verhalten, welche die Geburt ihres Herrn feiern, sich aber nicht vergängliche Kleider überwerfen, sondern mit den Kleidern der Nächstenliebe schmücken. In dieser Form ziehen sie nicht nur ein schönes Gewand an, sondern ergänzen dieses mit Geschenken, welche sie jenen geben, die scheinbar aufgrund ihrer sozialen Stellung von der Feier der Geburt des Herrn ausgeschlossen sind.[12] Zugleich mahnte Maximus seine Gemeinde, nicht außer Acht zu lassen, dass die Festlichkeit am Ehrentag des irdischen Machthabers in keinem Vergleich zu jenem Prunk stünde, der sichtbar werden würde, wenn Christus als ewiger Herrscher wiederkomme.[13] Mit diesen Bildern stellte der Bischof von Turin seinen Gläubigen die erwartete Ankunft Christi vor Augen. Damit ist jedoch keine beinahe in die Ewigkeit verrückte Parusie gemeint, sondern die konkrete Hoffnung, Christus werde zum Geburtsfest am 25. Dezember endgültig wiederkommen. Diese Erwartung resultierte vor allem aus den unterschiedlichen Belagerungen und den damit verbundenen Nöten der Stadt Turin im Zuge der Völkerwanderung. Für diese Annahme sprechen auch Passagen in den Homilien, in welchen Maximus darauf aufmerksam machte, dass das Gebet um die Befreiung der Stadt von den Feinden keine Wirkung haben würde, wenn die Bürger der selbigen ihre Mitbrüder im Glauben vernachlässigen. Mit jenen, die zu Lebzeiten ihre Güter geteilt hätten, mit diesen würde auch Christus seine himmlische Herrlichkeit teilen.[14] Diese Naherwartung der Ankunft Christi verband Maximus mit dem kosmischen Phänomen der Wintersonnenwende, an der das Geburtsfest gefeiert wurde. Dabei griff er vor allem auf die für die Geburt dominante Lichtsymbolik aus Mal 3,20 (*Sonne der Gerechtigkeit*) zurück, um auf diese Weise auf das Kommen der neuen Sonne vorzubereiten.

Die nächste Homilie im Predigtkorpus – sermo 61 – bezieht sich explizit auf sermo 60. Sie rief der Gemeinde nochmals in Erinnerung, was sie am vergangenen Sonntag (*superiore dominica*) gehört hatte.[15] Ähnlich wie in der vorausgegangen Ansprache forderte der Bischof seine Gläubigen auf, sich auf den nahenden Tag vorzubereiten – dieses Mal jedoch nicht in der Gewandung

---

[11] Vgl. *Andreas Merkt*, Maximus I. von Turin. Die Verkündigung eines Bischofs der frühen Reichskirche im zeitgeschichtlichen, gesellschaftlichen und liturgischen Kontext (SVigChr 40), Leiden–New York–Köln 1997, 7.
[12] Vgl. *Maximus*, Ser. 60, 1–4 (CCSL 23, 240, 2–242, 69).
[13] Vgl. *Maximus*, Ser. 60, 2 (CCSL 23, 240, 21–25).
[14] Vgl. *Maximus*, Ser. 60, 4 (CCSL 23, 242, 67–78).
[15] Vgl. Maximus, Ser. 61, 1 (CCSL 23, 244, 2–5).

von Nächstenliebe, sondern durch die Reinigung der Seele. Hierfür bezog sich Maximus auf unterschiedliche Alltagsbilder, um zu verdeutlichen, dass man für die täglichen Gepflogenheiten ein hohes Maß an Aufwand betreibe, den man besser in die Vorbereitung auf die Ankunft Christi investierten sollte. Am Ende der besagten Predigt werden die Zuhörer darauf hingewiesen, immer wachsam[16] zu sein, um vom kommenden Herrn nicht schlafend angetroffen zu werden.[17]

Die letzte hier zu nennende Predigt von Maximus – sermo 61a – zeichnet sich darin aus, eine relativ exakte Einordnung in Bezug auf die Vorbereitungszeit zu ermöglichen. Denn es wird innerhalb des Textes darauf verwiesen, dass das Geburtsfest unmittelbar bevorstehe und die Wintersonnenwende bereits stattgefunden habe.[18] Das bedeutet, die Predigt musste in den Tagen vom 22. bis zum 24. Dezember gehalten worden sein. Maximus griff das astronomische Phänomen auf, um ein weiteres Bild für die Geburt Christi zu vermitteln: den Hervorgang des göttlichen Wortes aus dem mütterlichen Leib als Aufgabe der Sonne der Gerechtigkeit.[19] Der Bischof von Turin hielt dazu fest, es sei menschlich, dass die Bürger aufgrund der Kürze des Tages und der Länge der Finsternis Angst hätten. Die Wintersonnenwende jedoch bringe die Hoffnung mit sich, das neue Jahr fände eine gewandelte Gestalt. Die Gläubigen sollten sich am Lauf der Sonne bewusstmachen, dass das Licht seine Strahlen auf die Sünden werfe und die Geburt der Sonne der Gerechtigkeit (Mal 3,20) die Finsternis der Schuld zerstreuen könne.[20] Die neue Sonne aber sei der wiederkommende Christus.

In der Analyse der Predigten fällt auf, dass der Bischof einesteils seine Gläubigen auf die erwartete Ankunft Christi am 25. Dezember hinwies und nicht das Gedenken der Geburt im Fokus stehe, andernteils er mit dem Bild der Sonne – Christus als neue Sonne – eine antiarianische Argumentation führte. Denn es sind für diese Zeit u. a. keine arianisch geprägten Homilien überliefert, die Christus mit der Sonne gleichsetzen.[21]

Auch wenn sich die exakte Dauer der Vorbereitungszeit anhand des Quellenbefundes nicht mehr rekonstruieren lässt, so lässt sich sagen, dass es sich hierbei zumindest um eine Woche und eine unbestimmte Anzahl von Tagen handelte, immerhin beziehen sich zwei der Homilien – 60 und 61 – direkt aufeinander. Zudem spricht Sermo 61 explizit davon, dass bereits am vergangenen Sonntag dasselbe Festgeheimnis thematisiert wurde. Hinzukommt ferner sermo 61a, der kurz vor dem Geburtsfest vorgetragen wurde. Damit stellen diese Predigten als älteste explizit liturgische Quellen für eine Vorbereitungszeit auf das Geburtsfest eine ausführliche christologische Einführung in Homilie-Form dar.

---

[16] Für diese Mahnung verwendete Maximus besonders nachdrücklich das Verb *vigilare* und stellte es in bewusster Doppelung dem Verb *dormire* gegenüber. Dieses Stilmittel spricht mit einer gewissen Plausibilität für eine Predigt in der Vigilfeier (Nachtfeier vom 24. auf den 25. Dezember). Das ist aber auch schon der einzige Hinweis, der für diese Annahme sprechen würde.
[17] Vgl. *Maximus*, Ser. 61, 4 (CCSL 23, 246, 83–103).
[18] Vgl. *Maximus*, Ser. 61a, 1 (CCSL 23, 249, 2–4).
[19] Vgl. *Maximus*, Ser. 61a, 1 (CCSL 23, 249, 9–12).
[20] Vgl. *Maximus*, Ser. 61a, 1 (CCSL 23, 249, 7–12).
[21] Vgl. u. a. *Anonymus arianus*, Ser. 4, 1 (RechAug 26 [1992], 150–173, hier 156 f.).

4 Petrus Chrysologus und der Rotulus von Ravenna

Ähnlich wie Maximus I. von Turin argumentierte Petrus Chrysologus († um 450) zugunsten der Göttlichkeit Christi, wobei sein Schwerpunkt auf der Zwei-Naturen-Lehre lag, d. h., Jesus Christus sei sowohl ganz Gott als auch ganz Mensch. Diese Lehre war bei den kirchlichen Autoritäten nicht einhellig anerkannt, weshalb die Konzile von Ephesos (431) und Chalcedon (451) eine Lösung herbeizuführen versuchten. Geprägt von den ephesinischen Beschlüssen (vor allem die Titulierung Mariens als Gottesgebärerin), erläuterte Petrus als Metropolit der damaligen kaiserlichen Residenzstadt Ravenna die Wichtigkeit des Geburtsfestes am 25. Dezember. In seiner Argumentation verwendete Petrus an vielen Stellen dieselben Bilder und Motive wie dies auch Maximus getan hatte. Hinzukam die Figur Mariens, welche für die zentralen Predigtaussagen von essenzieller Bedeutung ist. Christus – ganz göttlich – wird Mensch im Leib Mariens und unterliegt den Naturgesetzen von Schwangerschaft und Geburt. Diese Thematik versuchte der ravennatische Metropolit in einer Vielzahl von Homilien (vor allem sermones 140–144, 147, 148) näherzubringen und in dieser Weise auf die Feier der Geburt des Herrn vorzubereiten. Petrus legte, obwohl Ravenna ähnlich wie Turin von feindlichen Truppen belagert worden war, in seinen Ausführungen den Fokus nicht auf die endgültige Wiederkunft Christi, sondern auf die Differenz der Inkarnation Gottes im Schoße Mariens und der Menschwerdung in der Geburt.

Zum Predigtkorpus von Petrus tritt eine weitere zu untersuchende Quelle hinzu: der Rotulus von Ravenna. Dieses Pergament beinhaltet 42 Orationen, die zum Teil ravennatischer Provenienz sind und von welchen zumindest sechs bzw. fünf (Oration Nr. 40 und Nr. 41 sind als eine Einheit zu betrachten) dem Umfeld von Petrus Chrysologus zuzurechnen sind. Exemplarisch sei hier nur eines dieser Gebete angeführt – Oration Nr. 38:

> Gott, der du dir in der Wohnstätte des
> jungfräulichen Schoßes
> mit unaussprechlicher Kunst ein heiliges
> Schlafgemach des Fleisches gemacht
> hast, bitten wir: tritt jetzt versöhnt
> hervor und kaufe die Knechtsgestalt los
> wie du es vor der Zeit verheißen hast.
> Damit dir sowohl ein würdiger Lobpreis
> gefeiert wird als auch uns das ewige Heil
> geschenkt wird.

Im ersten Teil erinnert der Vorsteher, dass Gott sich bereits kunstfertig ein heiliges Heim im Leib Mariens geschaffen hätte. Diese Gegebenheit voraussetzend, bittet er, Gott möge nunmehr hervortreten, damit die Menschen endgültig erlöst würden und ihm auf diese Weise ein würdiges Lob bereiten könnten. Anhand der perfektisch formulierten Anamnese (Gott hat sich eine Wohnstätte geschaffen) und dem darauffolgenden Imperativ (Gott solle nun hervortreten) ist zu erkennen, dass Petrus dieses Gebet bewusst in die Spannung zwischen der Inkarnation im Leib Mariens und der Geburt stellte. Liturgisch ist davon auszugehen, die Kirche von Ravenna habe bereits in der Mitte des 5. Jahrhunderts ein Inkarnationsfest (heute etwa Verkündigung des Herrn) im Vorfeld des Geburtsfestes gefeiert. Damit sollte auch in liturgischer Weise die Zwei-Naturen-Lehre bedacht werden.

Auch Petrus trennte das Fest der Geburt nicht strikt von der Parusie Christi, so schwingt diese doch in den Formulierungen mit (*tritt jetzt versöhnt hervor und kaufe die Knechtsgestalt los wie du es vor der Zeit verheißen hast*). Jedoch scheint es so zu sein, dass er die Heilserwartung nicht in der Parusie erfüllt sah, sondern in der Feier der Geburt selbst: eine liturgische Vergegenwärtigung der Heilstat Gottes. Dafür spricht auch die Passage *Damit dir sowohl ein würdiger Lobpreis gefeiert wird*. Dieser Abschlussteil der Epiklese weist auf ein bevorstehendes Fest hin, von dessen Feier die Gläubigen das ewige Heil erwarten (*als auch uns das ewige Heil geschenkt wird*); insofern schließt das Gebet zuversichtlich. Die damit verbundene Heilserwartung kann aufgrund logischer Überlegung und den damit verbundenen Parallelstellen in den Homilien von Petrus nur vom Geburtsfest erhofft werden.

Der Bischof von Ravenna präsentierte somit seiner Gemeinde im liturgischen Vorfeld zum Geburtsfest nicht nur die Menschwerdung Christi, sondern auch die Zwei-Naturen-Lehre sowie die endgültige Erlösung. Der letzte Gesichtspunkt scheint an sich dem Osterfest vorbehalten zu sein. Doch darf nicht übersehen werden, dass in dieser Zeit noch keine deutliche Trennung zwischen Ostern und den anderen Festen innerhalb des Jahres stattgefunden hatte.

5 Christologie als wesensbestimmende Thematik

Anhand dieser drei exemplarisch vorgetragenen Quellen sollte dargestellt werden, wo sich die Ursprünge und Anfänge des Advents befinden. Insgesamt verdeutlichen die Befunde, dass die von der Synode von Saragossa eingemahnte liturgische Vorbereitung innerhalb weniger Jahrzehnte Verbreitung über die Region Kastilien (Saragossa) bis hin nach Oberitalien gefunden hatte. Nicht korrekt aber wäre, daraus zu schließen, die Synodenbeschlüsse hätten eine derartige Rezeption erfahren, dass einzelne Regionen, welche nicht der Autorität der Versammlung von 380 unterstanden, diesen can. IV für ihre jeweilige Praxis übernommen hätten. Weitaus wahrscheinlicher ist eine in den verschiedenen kirchlichen Gebieten parallele Entwicklung einer Vorbereitungszeit auf das Geburtsfest. Bei aller Mannigfaltigkeit der Befunde und der zeitlichen wie regionalen Unterschiede lässt sich zeigen: Alle Quellen haben ihre jeweilige Ausrichtung aufgrund der christologischen Kontroversen in der Zeit nach der Konstantinischen Wende erfahren. Sowohl die Synode von Saragossa als auch Maximus I. von Turin und Petrus Chrysologus reagierten auf theologische Strömungen ihrer Zeit. Sie versuchten anhand des relativ kurz etablierten Geburtsfestes ihre Position hinsichtlich der Göttlichkeit respektive Menschlichkeit Christi starkzumachen. Gleichwohl musste das Geburtsfest selbst von allen verschiedenen Ausrichtungen innerhalb des Christentums Akzeptanz finden, was bedeutete, dass die jeweilige inhaltliche Prägung dieses Festes bereits im zeitlichen Vorfeld (Vorbereitungszeit) stattzufinden hatte.

Der Autor: *Ass.-Prof. MMag. Dr. Florian Wegscheider studierte Theologie, Religionspädagogik und Geschichte in Linz, Salzburg und Rom; seit 2013 Assistent, 2019 Bestellung zum Assistenz-Professor am Institut für Liturgiewissenschaft und Sakramententheologie der KU Linz; geschäftsführender Sekretär der Stiftung Pro Oriente Linz; Publikationen: Eine christologische Ouvertüre, in: gd 23–24 (2019), 261–263; gem. mit Ewald Volgger (Hg.), Benediktion von gleichgeschlechtlichen Partnerschaften (SKUL 8), Regensburg 2020.*

Das aktuelle theologische Buch

◆ Bauks, Michaela: Theologie des Alten Testaments. Religionsgeschichtliche und bibelhermeneutische Perspektiven. Unter Mitarbeit von Lilli Ohliger und Jochen Wagner (UTB Basiswissen Theologie und Religionswissenschaft 4973). Vandenhoeck & Ruprecht, Göttingen 2019. (472, 13 s/w Abb.) Kart. Euro 29,99 (D) / Euro 30,90 (A) / CHF 37,50. ISBN 978-3-8252-4973-1.

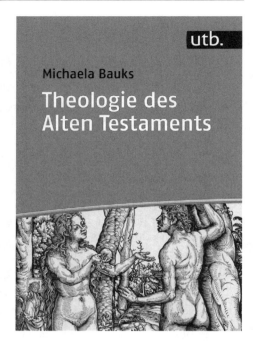

Es gehört zu den besonderen Aufgaben in der protestantischen Bibelwissenschaft, die exegetische Einzelarbeit eines Tages in einem Entwurf einer Theologie des Alten Testaments zusammenzufassen. Damit sollen – über eine Religionsgeschichte hinaus – besonders jene Aussagen systematisch erfasst werden, welche auch im christlichen Glauben von bleibender Bedeutung sind. Schließlich geht es ja darum, den ersten Teil des christlichen Kanons entsprechend zu würdigen. Während in der ersten Hälfte des 20. Jahrhunderts nur vereinzelt Entwürfe einer Theologie vorgelegt wurden, entstanden im Anschluss an das epochale Werk G. von Rads[1] zahlreiche weitere Entwürfe, sowohl im deutschen wie auch im englischen Sprachraum, von christlichen wie auch von jüdischen Autoren.[2]

Diese Entwicklung zeichnet auch die Verfasserin in groben Zügen in ihrer als Lehrbuch konzipierten Theologie im Einleitungskapitel kritisch nach und entnimmt ihr die wesentlichen Punkte für ihren eigenen Ansatz. Anknüpfend an W. Zimmerlis Grundriss der atl. Theologie[3] möchte sie den atl. Gottesnamen als „Ausdruck der Selbigkeit JHWHs" als perspektivischen Fluchtpunkt für die verschiedenen theologischen Strömungen nehmen und andererseits ihre Ausprägung in einzelnen Redeformen sowohl synchron wie auch diachron untersuchen, wobei im Phänomen der Fortschreibung bereits eine erste Form von theologischer Reflexion vorliegt, die etwa im 8. Jahrhundert v. Chr. beginnt und sich in nachexilischer Zeit fortsetzt.

Im zweiten Kapitel beschreibt die Verfasserin in acht Abschnitten die unterschiedlichen Offenbarungsformen JHWHs, die sich aus der Untersuchung der „fünf großen Redeformen Erzählung und Recht im Pentateuch, Prophetie, Kult und Weisheit" (32) ergeben. Durch diesen Ansatz soll auch gewährleistet sein, dass die jeweiligen Buchzusammenhänge sichtbar bleiben (vgl. 35).

Ein erster Abschnitt widmet sich konsequenterweise der Namensoffenbarung Gottes, wie sie sich einesteils am Beginn des Dekalogs mit dem Verweis auf die Rettung des Volkes aus der Sklaverei in Ägypten und andernteils in der Berufung Moses in Ex 3 und dem Parallel-

---

[1] Gerhard von Rad, Theologie des Alten Testaments, 2 Bände, 1. Aufl. München 1957 bzw. 1960.
[2] Für eine ausgezeichnete Darstellung der Entwicklung vgl. *Ludger Schwienhorst-Schönberger*, Theologien des Alten Testaments, in: ThRv 114 (2018), 91–108. Zu den jüdischen Autoren vgl. *Marvin Sweeney*, Jewish Biblical Theology and Christian Old Testament Theology, in: ThLZ 134 (2009), 397–410.
[3] *Walter Zimmerli*, Grundriß der alttestamentlichen Theologie, Stuttgart 1972.

text von Ex 6 zeigt. Dem Charakter eines Lehrbuches entsprechend werden die Textstellen auf der Basis der Neuen Zürcher Bibel im Wortlaut und didaktisch klug aufbereitet angeführt, um anschließend in den Grundzügen erklärt zu werden, wobei sowohl die Unterschiede in Form und Gattung wie auch die Verbindung mit vergleichbaren Texten zur Sprache kommen. Abgeschlossen wird die Erklärung mit einer grau unterlegten Zusammenfassung der Ergebnisse, an die sich ein Verzeichnis weiterführender Literatur anschließt. So geschieht es auch in allen anderen Teilen des Buches.

Sachlich entsprechend folgt im zweiten Abschnitt die Behandlung der Texte, welche die je spezifische Rolle Gottes in seinem Befreiungshandeln, einerseits im großen Zyklus der Plagen und andererseits im rettenden Eingreifen beim Auszug aus Ägypten und am Schilfmeer schildern. Dem Textverlauf von Ex 1–15 folgend, werden die einzelnen Situationen im Geschehen dargestellt und nach ihren Erzählsträngen analysiert. Als Ergebnis formuliert die Verfasserin: „Die theologische Meisterleistung der Exoduserzählung Ex 1–15 besteht darin, dass durch den auffälligen Gattungsmix von verschiedenen Erzählformen, poetischen Elementen, Kult- und Rechtssprache ein sehr dichtes Textgefüge erreicht ist, dass [sic!] eine Erzählung der mythischen Vergangenheit mit neuen historischen Bedingungen (‚Israel im Land mit einem Tempel') verknüpft, die ihrerseits Interpretationsspielraum zulassen für zukünftige, wiederum ganz neue historische, gesellschaftliche und kulturelle Verhältnisse." (61)

Gesondert wird anschließend noch die Figur des Mose behandelt, und zwar mit Blick auf mögliche historische Reminiszenzen wie auch im Blick auf die Traditionen, die in der Schilderung der Person, ihrer Herkunft und ihrer Stellung verbunden sind.

Der dritte Abschnitt greift mit den Erzelternüberlieferungen auf die Vorgeschichte des Exodus zurück und zeigt auf, wie sich in den Verheißungen an die Väter Gottes Wirken an Einzelpersonen darstellt. Im Einzelnen handelt es sich um zwei Erzählzyklen – Abraham- und Jakobszyklus[4]. Deren inhaltliche Schwerpunkte sowie die im Vergleich deutlich hervortretenden Unterschiede und die mit dem Großkontext verknüpfenden Elemente werden wiederum anhand von einschlägigen Textstellen sorgfältig herausgearbeitet und kommentiert.

Mit dem Blick auf Schöpfung und Urgeschichte wird schließlich im vierten Abschnitt das bisher partikular erscheinende Wirken Gottes an Israel vor allem in exilisch-nachexilischer Zeit insofern überhöht, als damit gezeigt werden soll, „dass der Gott Israels Gott aller Menschen ist." (94 f.) In diesem Zusammenhang wird verständlich, dass in den biblischen Schöpfungstexten in besonderer Weise auf die altorientalischen Überlieferungen Bezug genommen wird. Ausführlich geht die Verfasserin auf die Art ein, wie die biblischen Erzähler mit den Vorlagen umgehen und sie adaptieren, wobei in ihren Texten ein älterer von einem jüngeren Strang, P(riesterschrift) und Nicht-P(riesterschrift), unterschieden werden kann, was letztlich auch für die gesamte Urgeschichte (Gen 1–11) gilt. In der Verbindung der verschiedenen Stränge ergibt sich ein fortlaufendes Muster der „Zerrüttung der Beziehung von Gott und Mensch" (111), die auf den Neuanfang mit Abra(ha)m hinführt. Im Anschluss an die Erläuterung dieser Texte wirft die Verfasserin noch einen Blick auf die in poetischen und prophetischen Überlieferungen vorhandenen Schöpfungstexte und rundet damit das Thema ab, dem „im theologischen Gesamtkonzept der hebräischen Bibel eine untergeordnete Rolle zukommt". Denn „[d]ie Erstbegründung, warum Gott zu Israel hält, liegt nämlich weniger in seinem Schöpfungshandeln, als in den heilsgeschichtlich geprägten Gründungsmythen zu Auszug und Erzeltern." (94)

Der fünfte Abschnitt behandelt das zentrale Thema der Offenbarung Gottes in Bund und Gesetz, wobei im ersten Teil die verschiedenen Bundeskonzepte vorgestellt und im Anschluss daran anhand von konkreten Texten in ihren literarischen Kontexten, Deuteronomium, Sinaiüberlieferung und Priesterschrift, analysiert werden. Danach werden noch kurz die prophe-

---

[4] Die Josephserzählung wird im Rahmen der Weisheitsliteratur besprochen (vgl. 279 f.)

tische Ankündigung eines neuen Bundes sowie der Bund mit dem Haus David angesprochen.

Der zweite Teil befasst sich mit dem Thema Gesetz und bespricht zuerst die verschiedenen Gesetzessammlungen in ihren zeitlichen und sozialen Verankerungen sowie ihren Beziehungen untereinander. Insgesamt machen sie mit den Büchern Levitikus und Deuteronomium einen erheblichen Teil der Tora aus. Aus dieser Masse der Texte wählt die Verfasserin einzelne Beispiele aus, welche im Laufe der Zeit eine besondere Wirkung entfaltet haben, beispielsweise das Liebesgebot von Lev 19,18, wobei sie die beiden Übersetzungsmöglichkeiten von כמוך: „wie dich selbst" bzw. „er ist wie du" mit der jeweils unterschiedlichen Aussage diskutiert und mit dem Zitat im Neuen Testament sowie mit weiteren Stellen, welche eine ähnliche Thematik ansprechen, wie etwa die „Goldene Regel", verbindet (vgl. 154f.). Nicht minder bedeutsam ist die Diskussion der Talionsformel und der Gesetze, welche die Todesstrafe fordern, wobei in diesem Zusammenhang wiederum die Übersetzung von Gen 9,6, einer Stelle, die immer wieder zur Legitimation der Todesstrafe vorgebracht wurde, eine wichtige Rolle spielt: Wer einen Menschen erschlägt, soll nicht *durch einen Menschen*, sondern *„um des Menschen willen"* getötet werden (vgl. 161).

Überblickt man die Darstellung der Redeformen des Pentateuchs, so sieht man in der Tat, dass durch diesen Ansatz die Buchzusammenhänge gut erkennbar bleiben.

Der sechste Abschnitt widmet sich den vielfältigen Redeformen in der prophetischen Literatur, konzentriert in den Themen von Gericht und Heil. Den Schwerpunkt bilden die „hinteren" = Schriftpropheten (אחרונים nicht: אחרים wie 167!), denen ein kurzer allgemeiner Blick auf das Phänomen der Prophetie und deren Redeformen vorangestellt ist. Den ersten Teil bilden die Propheten des 8. Jahrhunderts, Amos, Hosea und Jesaja 1–39, die anhand von typischen Texten wie Berufungsbericht, Visionsschilderung, sozial- und kultkritischen Worten sowie Beispielen von Heilsworten vorgestellt werden. Bei Jesaja kommen die Immanuel-Worte dazu, während die Zionstexte und die apokalyptischen Ausblicke nur am Rande vorkommen.

Im zweiten Teil werden die exilischen Propheten, Jeremia und Ezechiel, vorgestellt, wobei auffällt, dass die Beispieltexte für die Gerichtsverkündigung des Jeremia der Prosaüberlieferung entstammen[5], welche auch das Thema des prophetischen Konflikts und des Leidens illustrieren. Beispielhaft für Letzteres ist Jer 20,14–18 angeführt, jedoch fälschlicherweise als Teil der fünften Konfession (20,7–13) (vgl. 199). Die Heilsworte (Kap. 30–31) wie auch die umfangreichen Fremdvölkersprüche (Kap. 46–51) kommen nicht vor, obwohl gerade diese Redeformen in den Prophetenbüchern einen großen Raum einnehmen[6].

Bei Ezechiel spielt das Thema von JHWHs Auszug aus dem Tempel als Anzeige des kommenden Gerichts eine große Rolle, womit sich ein Bezug zu priesterlichen Traditionen andeutet. Mit der Vision von der Auferstehung der Totengebeine (Ez 37,1–14) ist jedoch eine Zeit nach dem Gericht im Blick, die von späteren Ergänzern mit der Errichtung eines neuen Tempels entfaltet wird. Der dritte Teil ist im Wesentlichen von den Texten aus Jes 40–66 geprägt, denn hier bricht die Vorstellung von dem einen Gott durch, der sich als der Schöpfer der Welt als solcher erweist, die Geschicke der Völker lenkt und Israel als seinen Knecht in den Dienst nimmt. Die konkreten Heilshoffnungen von Sacharja und Haggai ergänzen diese Texte, die noch in einem weiteren Teil mit verstreuten apokalyptischen Aussagen erweitert werden.

Die Redeformen des Psalters sind Thema des siebten Abschnitts. Als Gebete sind diese Texte gleichsam die Antwort auf Gottes Sein und Wirken, die sich in vielerlei Formen ausdrückt, wobei Lob und Klage im Vordergrund stehen. Nach einem Aufriss der Struktur des

---

[5] Einleitend ist wohl die poetische Fremdgötterpolemik in Kap 2–3 genannt, der Beleg מצאתים als „Bild des Ehebruchs" ist allerdings falsch (vgl. 196).

[6] „Nach der neuesten Statistik von CHAE […] entfallen über 15 % der prophetischen Literatur im AT auf Orakel über Fremdvölker … Diese Angaben vermitteln eine Ahnung von der tatsächlichen Rolle der Gattung in Israel", so *Hermann-Josef Stipp*, Jeremia 25–52 (HAT I/12,2), 629.

Psalters analysiert die Verfasserin Ps 22 als Paradebeispiel einer Klage, die positiv endet. Anschließend werden weitere Gattungen kurz besprochen, die Themen aus anderen biblischen Büchern, wie z. B. Schöpfung, Geschichte, Zion u. a., aufgreifen. Schließlich werden im achten Abschnitt noch jene Bücher vorgestellt, welche in den größeren Bereich der Weisheitsliteratur gehören[7], allen voran das Buch Ijob, daneben noch Kohelet[8], wobei die Verfasserin lobenswerterweise ebenso die deuterokanonische Literatur berücksichtigt. Der letzte Abschnitt fasst schließlich in einer Art Literaturgeschichte die theologischen Strömungen in ihrer Entwicklung zusammen.

Das dritte Kapitel des Buches fasst die vielfältigen Weisen der Rede von Gott im AT in ihrer geschichtlichen Entwicklung in einigen wichtigen Punkten zusammen. Am Anfang steht naturgemäß die Verwandlung einer frühen polytheistischen Vorstellung, die nicht nur hinter den verschiedenen Gottesnamen zu vermuten, sondern auch in Inschriften zu finden ist, welche eine weibliche Gottheit an der Seite von JHWH nennen[9], hin zu einer ansatzhaften Alleinverehrung, die mit den Propheten des 8. Jahrhunderts v. Chr. verbunden sein könnte. Die Reformen der späten Königszeit, welche die synkretistischen Zustände zurückdrängten, bereiteten in der exilisch-nachexilischen Zeit den Weg hin zur immer stärkeren Verbreitung jenes Eingottglaubens, der sich am Ende durchsetzte und alte Vorstellungen verdrängte.

Den nächsten Punkt bildet das Bilderverbot, das die Verfasserin in „persisch-hellenistischer" Zeit verortet und mit „dem Verbot der Aussprache des Gottesnamens"[10] (323) in Verbindung bringt. Im Einzelnen zeichnet sie zunächst „[d]ie historische Entwicklung der Bildlosigkeit JHWH" [sic!] nach, wie sie sich aus dem vorhandenen Bildmaterial rekonstruieren lässt, und skizziert dann die biblischen Begründungen, die in der Unvergleichlichkeit des Schöpfergottes ihren Rückhalt haben und letztlich dahin führen, dass die Tora das Kultbild ersetzen kann. Dieses Thema wird anschließend noch im Abschnitt über „Bedeutung und Verwendung des Gottesnamens" weiter behandelt (338–352).

Unter dem Titel „Königtum und Eschatologie" setzt die Verfasserin das Königtum der davidischen Dynastie mit dem bewährten Muster der Zitation einschlägiger Stellen mit dem Königtum JHWHs in Verbindung und zieht dann die Linie auch aus zur Erwartung eines endzeitlichen Messias. Schließlich ergibt sich aus der Vorstellung von JHWHs Herrschaft die theologische Sicht der Welt als eine von göttlicher Ordnung geprägte Schöpfung. Dieses Konzept wird im nächsten Punkt dahingehend zugespitzt, dass auf das Ergehen des Gottesvolkes in dem von Gott geschenkten Land geschaut wird. Diese Gabe Gottes verlangt nicht nur eine entsprechende Reaktion von Seiten des Volkes, welche in der Regel mit dem Kult abgedeckt wird; sie gerät auch in Gefahr, verlustig zu gehen, wenn das Volk gegen das Grundgebot verstößt und die Folgen tragen muss.

Im letzten Punkt reflektiert die Verfasserin noch jenen Prozess, der zur Entstehung des Kanons führte, der sich schließlich in der Vorstellung von „Heiliger Schrift" verfestigte.

In den von Mitarbeitern gestalteten Anhängen findet sich im ersten eine Zuordnung der im Buch behandelten theologischen Themen zur protestantischen Leseordnung (419–437) und im zweiten eine ebensolche zu den schulischen Lehrplänen (439–453). Diese Zusätze machen das geschickt gestaltete Lehrbuch auch über den akademischen Gebrauch hinaus vor allem für evangelische Benützer recht brauchbar.

Linz *Franz Hubmann*

---

[7] In der Frage nach dem Prinzip der Vergeltung in der Spruchliteratur spricht K. Koch nicht von einer „schicksalswendenden" (so die Verfasserin 257), sondern von der „schicksalswirkenden Tatsphäre".
[8] In das Zitat von Koh 1,1–3 ist auch die Überschrift zum Text von 1,3–11 geraten!
[9] Eine solche kann nur „Paredra" heißen und nicht wie 307 „Paredros".
[10] Die Bezeichnung als *Qidduš hašem* (ebd.) ist eine unangebrachte Verengung der späteren rabbinischen Vorstellung der Hingabe an Gott und seine Gebote bis hin zum Martyrium.

Besprechungen

Der Eingang der Rezensionen kann nicht gesondert bestätigt werden. Die Korrekturen werden von der Redaktion besorgt. Bei Überschreitung des Umfanges ist mit Kürzungen zu rechnen. Nach Erscheinen der Besprechungen erhalten die Rezensenten einen, die Verlage zwei Belege.

BIBELWISSENSCHAFT

♦ **Häfner, Gerd / Huber, Konrad / Schreiber, Stefan (Hg.): Kontexte neutestamentlicher Christologien (Quaestiones disputatae 292).** Herder Verlag, Freiburg i. Br.–Basel–Wien 2018. (264) Kart. Euro 32,00 (D) / Euro 32,90 (A) / CHF 43,90. ISBN 978-3-451-02292-0.

Der Sammelband enthält sieben Beiträge, die auf Vorträge bei der Jahrestagung der Arbeitsgemeinschaft Katholischer Neutestamentlerinnen und Neutestamentler (AKN) im Jahr 2017 in Paderborn zurückgehen. Die Tagung stand unter der Frage, wie Christologie verbunden ist mit Christopraxis.

Im umfangreichen ersten Beitrag und in ausführlicher Auseinandersetzung mit der Fachliteratur behandelt *Christoph Niemand* unter dem Titel „Teilhabe an der Bildgestalt des Sohnes" die paulinische eivkw,n-Christologie. Der Blick richtet sich dabei vor allem auf den zweiten Korintherbrief (2 Kor 3,18; 4,4 und 4,6) und den Römerbrief (Röm 8,29). Als kleines Detail der Untersuchung sei hervorgehoben die gut begründete Übersetzung des Verbums katopri,zomai in 2 Kor 3,18 mit „im Spiegel(bild) schauen". Darüber hinaus werden weitere eivkw,n-christologische Anklänge bei Paulus (1 Kor 15,49; Gal 4,19; Phil 3,21) und in der Paulusschule (Kol 1,15 und 3,9–10) untersucht. Im Sinne der Aufhellung von Kontexten wird auch die Weisheitsliteratur einbezogen und wird eine Untersuchung zur platonisierenden Exegese von Philo präsentiert. Christoph Niemand kommt zu einem zweifachen Ergebnis. Christus ist einerseits „*Abbild* des lebendigen Gottes" und man kann „in seinem Antlitz Gott selbst sehen und erkennen". Andererseits ist Christus „das Ur- und Zielbild des Menschen, wie Gott ihn dachte, wollte und schuf: sein *Ebenbild*" (55).

Unter dem Titel „Zwischen Macht und Ohnmacht" führt Rainer Schwindt zu einer „kontextuelle(n) Lektüre der Präexistenzaussagen in den Christusliedern Phil 2,6–11 und Kol 1,15–20" (60). Für Phil 2,5, den Satz, der das Christuslied im Philipperbrief einleitet, wird folgende Übersetzung vorgeschlagen: „Dies sinnt unter euch, was ihr in Christus Jesus sinnen müsst" (75). Bereits diese Einleitung deutet an, dass den Aussagen über Christus in Phil 2,6–8 eine „normative Bedeutung als ethisches Vorbild" zukommt (74). Der Schwerpunkt des Beitrags liegt in der Untersuchung der Präexistenzaussagen in Phil 2,6–11 und im Briefkontext. Dabei wird besonders der eschatologische Text Phil 3,17–21 einbezogen. Um das „besondere Profil der Präexistenzaussagen im Philipperbrief" zu verdeutlichen, wird ein „Seitenblick auf den übrigen Befund bei Paulus und im Kolosserhymnus" (92) geworfen. Zum übrigen Befund werden die Stellen 2 Kor 8,9 und 1 Kor 8,6 gezählt. Der Kolosserhymnus wird in einer dreistrophigen Gliederung gesehen (Kol 1,15–16 / 17–18a / 18b–20). Er ist kein „abgehobener weltfremder Text", sondern seine „kosmische Christologie trifft den Nerv der Zeit" (100). Mit den Aussagen über Jesu Präexistenz hebt der Philipperhymnus seine göttliche Hoheit hervor. Zugleich wird „der Mensch Jesus zum unbedingten Vorbild für die philippische Christenexistenz" (101).

Unter dem Thema „Verschlungene Pfade, erhöhter Herr" bringt Hans-Georg Gradl Ausführungen zur Christologie der Apostelgeschichte. Zu Beginn betont er: „Die *eine* Christologie der Apostelgeschichte gibt es nicht" (103). Er setzt sich zum Ziel, „die Funktion und lebenspraktische Relevanz, die Verwendung und Wirkkraft *eines* christologischen Modells" (105) zu untersuchen. Seine These lautet: Der erhöhte Herr bleibt „als swth,r seiner Kirche zugewandt" (107). Ansatzpunkte dieser Christologie sind die Aussagen über die Aufnahme Jesu in den Himmel (Apg 1,1–11) und über seine Erhöhung (Apg 7,55–56). Bei der Untersuchung von Apg 1,1–11 wird betont: „Die Himmelfahrt stellt keinen Abschied vom erhöhten Kyrios dar, sondern den Übergang in eine andere Präsenzform" (109). Das Wirken und die Gegenwart des Erhöhten zeigt sich in Zeichen und Wundern, die geschehen, im Wirken der Zeugen, in Visionen, in der Erfahrung des Geistes und im Leben der jungen Kirche, in der das Brotbrechen und die Schriftauslegung eine besondere Rolle spielen. „Lukas ist bemüht, die bleibende Präsenz des Erhöhten herauszustellen und die Geschichte auf sein Wirken hin transparent zu machen" (121).

In Zusammenarbeit mit Volker Niggemeier untersucht Adrian Wypadlo christologische Vorstellungen und Bekenntnisaussagen im ersten Korintherbrief. Dieser Beitrag geht zurück auf ein Seminar bei der Tagung in Paderborn, das sich in drei Sitzungen ausgewählten Stellen des Briefes widmete, nämlich der christologischen Notiz in 1 Kor 2,1–2, dem christologischen Bekenntnis in 1 Kor 8,6 und den tauftheologischen Aussagen in 1 Kor 1,17 und 12,13. Dabei wird die Bedeutung der Kreuzestheologie für die Gemeindesituation in Korinth, die theologische Basis für die Behandlung der aktuellen Problematik betreffend das Götzenopferfleisch und das „Taufgeschehen als Kontextualisierung paulinischer Christologie" (156) betrachtet.

Der Beitrag von Stephan Witetschek zum Thema „Leben aus johanneischer Christologie" geht ebenfalls auf gemeinsame Arbeit in einer Seminargruppe zurück und ist dem zentralen Begriff „Leben" im Johannesevangelium und in den Johannesbriefen gewidmet. Besonderes Interesse gilt der Kontextualität der johanneischen Christologie. Es geht dabei um die Frage: „Wie lebt man mit johanneischer Christologie?" (161). Die Behandlung der Fußwaschung mit ihrer zweifachen Deutung (Joh 13,2–17) und des johanneischen Liebesgebotes (Joh 13,34–35; 15,12–17) bilden das Herzstück dieses Beitrags. Die Kontextrelevanz der johanneischen Christologie lässt sich besonders im Blick auf das Liebesgebot erkennen.

Auch die unter dem Titel „Theozentrik und Glaubensmotivation" präsentierten Ausführungen zum Hebräerbrief von Stefan Schapdick gehen auf ein Seminar bei der Tagung zurück, das sich der „appellativen Grundhaltung" (187) des Hebräerbriefes widmete. Die in diesem Brief hervorgehobenen Titulaturen für Jesus, nämlich „Sohn" und „Hohepriester" bilden *„die Säulen der Christologie"* des Briefes (188). Sie vermittelt die Gewissheit, dass der, der aus dem Himmel stammt und „zugleich voll und ganz auf der Erde verankert ist" (188), zuverlässig den Weg zum Heil zeigen kann. Der Beitrag richtet den Blick vor allem auf den Abschnitt Hebr 1,1–4, der in nuce alle christologischen Kernaussagen enthält, und zusätzlich auf Hebr 1,5–14; 2,5–18 und 4,14–5,10. Die Christologie des Hebräerbriefes ist „wesentlich adressatenorientiert" und möchte angesichts von „Ermüdungserscheinungen christlicher Glaubenspraxis" (224) im Blick auf Jesus und sein Vorbild zur Ausdauer auf dem Heilsweg motivieren.

Klaus von Stosch stellt seinen Beitrag unter das Thema „Kontexte spätmoderner Christologien". Er geht von der Frage aus, inwiefern „Lebenspraxis als Anstoß für die Theoriebildung systematischer Theologie" (229) angesehen werden kann. Untersucht wird erstens der „kommunikationstheoretische und hermeneutische" Entwurf von Jürgen Werbick. Dieser wird gesehen als „typisches Beispiel für die kommunikationstheoretische und hermeneutische Ausrichtung wichtiger Teile der systematischen Theologie der Gegenwart". Zweitens wird die „pragmatische Theorie" von Robert Brandom sowie seine Rezeption von Wittgenstein dargelegt. Dabei wird der „ausdrücklich auf der Lebenspraxis basierende Ansatz für die Christologie" hervorgehoben. Drittens behandelt der Beitrag den „jüdisch-christlichen Dialog als prekären Ort christologischer Theoriebildung" (230).

Die Ausgangsfrage der Tagung lautete: „Welcher Zusammenhang zeigt sich zwischen Christusglaube und Nachfolge?" (7). Die Beiträge im vorliegenden Sammelband greifen in verschiedener Weise diese Frage auf. Insgesamt lässt der Band gut erkennen, dass das Neue Testament den Zusammenhang zwischen Christusglaube und Nachfolge bzw. die Verbindung von Christologie und Christopraxis auf vielfältige Weise bezogen.

Innsbruck   *Martin Hasitschka SJ*

KIRCHENGESCHICHTE

◆ Angenendt, Arnold: »Lasst beides wachsen bis zur Ernte …«. Toleranz in der Geschichte des Christentums. Aschendorff Verlag, Münster 2018. (243) Geb. Euro 17,90 (D) / Euro 18,40 (A) / CHF 18,25. ISBN 978-3-402-13246-3.

Ein friedliches Zusammenleben in einer pluralen Welt ist ohne eine Kultur der Toleranz unmöglich. Aus welchen Quellen aber speist sich Toleranz? Hat sie einen festen Ort in der Geschichte des Christentums? In einer brillanten Studie geht der Verfasser der Wirkungsgeschichte der neutestamentlichen Perikope vom Unkraut unter dem Weizen (Mt 13,24–30) nach. Seine These lautet, dass diese biblische Perikope in der Geschichte des Christentums zwar immer zu einer Praxis der Toleranz inspiriert hat, jedoch auch mit erschreckenden Phasen zu rechnen ist, in denen Jesu Intention umgedeutet wurde oder ganz in Vergessenheit geriet. Grundsätzlich gilt: „Das Neue Testament fordert von der Kirche absolute Gewaltlosigkeit." (35) Angesichts der Gewaltspirale in der Geschichte, der sich auch die Kirche nicht entzogen hat, kann festgestellt werden: „Religiöse Gewalt, die Menschen vernichtet, weil sie, mit religiösen Augen betrachtet, Sünder sind, ist deshalb selbst Sünde." (46) Sorgfältig geht der Verfasser der Frage nach, wie es zur Legitimation von Gewalt kam und konstatiert für das Hochmittelalter einen „unerhörte[n] Umbruch" (99). Während etwa Abaelard († 1142) noch ein Toleranzverständnis vertritt, das bereits an die Moderne erinnert, legitimiert Thomas von Aquin († 1274) schon die Todesstrafe für Ketzer. Bei ihm heißt es: „Wenn aber aus der Tötung der Schlechten keine Gefahr für die Guten erwächst [...], so ist es erlaubt, die Bösen zu töten." (101). Papst Gregor IX. († 1241) billigt erstmals die Todesstrafe für hartnäckige Ketzer, sogar „mit dem Tod auf dem Scheiterhaufen" (99). Trotz des neuen Freiheitsdenkens, das mit der Reformation aufkommt, bleiben die Reformatoren dem alten Ordnungsdenken verpflichtet, das für Ketzer den Tod auf dem Scheiterhaufen vorsieht. Selbst der Aufklärer Rousseau († 1778) empfiehlt noch für alle, die einer aufgeklärten Herrschaft nicht zu folgen bereit sind, die Todesstrafe! Hilfreich sind viele Differenzierungen und neue Einsichten, die sich mit der Lektüre einstellen, wie z. B. der Zusammenhang von Kreuzzugsethos und Reinigungsdenken, der Inquisition als rationales Justizverfahren (das den Wahn einer irrationalen Hexenausrottung eher eindämmt als befördert), die religiöse Verankerung des aufgeklärten Gedankenguts und vieles andere mehr. Insgesamt eine ausgezeichnete Studie, kurzgefasst und erfreulich prägnant! Zur Eigenart des Verfassers gehört es, seine Argumentation auf viele klug ausgewählte Zitate zu stützen. Eine faszinierende Lektüre! Wer tiefer in die Thematik einsteigen möchte, dem sei von demselben Verfasser das 800 Seiten umfassende Standardwerk „Toleranz und Gewalt. Das Christentum zwischen Bibel und Schwert" (Münster 2007) empfohlen.

Bamberg/Linz *Hanjo Sauer*

PASTORALTHEOLOGIE

◆ Stechmann, Annette: Das Leid von Müttern totgeborener Kinder. Ein Ort der Theologie (Studien zur Theologie und Praxis der Seelsorge 105). Echter Verlag, Würzburg 2018. (427) Kart. Euro 42,00 (D) / Euro 43,20 (A) / CHF 42,82. ISBN 978-3-429-05308-6.

Unermesslich ist der Schmerz für Mütter und Väter, wenn sie plötzlich mit dem Tod konfrontiert werden, wo sie doch noch voll guter Hoffnung auf das Geschenk eines Kindes waren.

Diese Verlusterfahrung ist zugleich noch stark tabuisiert im öffentlichen Bewusstsein; Gott sei Dank erfahren Eltern immer mehr professionelle Unterstützung im Krankenhaus. Ein sehr wertvoller Beitrag dazu ist die Forschungsarbeit von Annette Stechmann am Institut für Pastoraltheologie der Universität Graz.

Sie beschreibt ihre seelsorglichen Begegnungen mit Müttern, Vätern, Familienangehörigen, die von einem Kind Abschied nehmen müssen. Die Sprachfähigkeit theologischer Rede stößt an ihre Grenze – wie da von Gott reden?

Ein Rückblick in die Geschichte beschreibt die noch viel höhere Kindersterblichkeit und die weitaus größere Not der Betroffenen, weil ungeborenen Kindern auch noch die volle Heilsfähigkeit abgesprochen wurde; das Konstrukt des „limbus" wurde für ungetaufte Kinder erdacht. Erst im Zuge des Vaticanum II wurde dieses Konstrukt aufgebrochen im Vertrauen auf die größere Barmherzigkeit Gottes.

Sehr prägnant beschreibt die Autorin diese Veränderungen und ihr Forschungsfeld, die Tabuisierung dieses allzu frühen Sterbens von Kindern, die Not der Eltern und ihre unterschiedlichen Trauerformen, hilfreiche Ansätze seelsorglichen Begleitens, die Frage nach dem Leid in einer postsäkularen Zeit. Sie präzisiert ihre Forschungsfrage: Was ist das Qualitätskriterium christlicher Gottesrede, wenn ein Kind schon in der Schwangerschaft stirbt, und die Rolle der betroffenen Frauen als aktive Subjekte der Gottesrede.

Als Forschungsansatz wird die Narrationsanalyse gewählt, um anhand von Interviews mit vier betroffenen Frauen herauszuarbeiten, wie angesichts dieser Not von Gott gesprochen wird. Es berührt mich, der ich als Klinikseelsorger am Med Campus IV in Linz mit ähnlichen Leiderfahrungen konfrontiert werde, sehr stark, wie authentisch durch diese Form der Forschung das Leid der Frauen zur Sprache kommt, wie Verletzungen durch Fehlverhalten beteiligter Berufsgruppen, wie Entfremdungen und Beziehungsbrüche, die Schuldfrage, tragende Beziehungsnetze, hilfreiche Rituale und eigene Verletzlichkeit beschrieben werden.

Sechs systematische TheologInnen werden hierauf zur Kommentierungen der Interviewerträge der vier Frauen eingeladen; diese ringen mit großer Achtsamkeit um feinfühlige Antworten. Die Autorin führt diese Diskussion fort und zieht dann in der Form der Abduktion ihr zusammenführendes Resümee.

Angesichts der Leiderfahrung des Verlusts eines Kindes bleibt eine offene Wunde, die Frage nach dem Warum bleibt unbeantwortet. Das empathische Begleiten will Raum eröffnen, wo Frauen ihr Leid transzendieren können. Halt gibt der zärtliche Blick auf das Kind, die unaufdringliche Präsenz von nahestehenden Personen im Wissen, dass Gott immer schon da ist. Menschliche Nähe und Empathie sind Inkarnation der Zärtlichkeit Gottes.

Das Buch sei vor allem jenen empfohlen, die im Rahmen der unterschiedlichen Berufsgruppen einer Klinik mit Müttern von totgeborenen Kindern und deren Verlusterfahrung in Beziehung treten. Diese Begegnungen mögen mit großem Respekt vor der Würde der Frauen und der Würde ihrer Kinder geschehen; gefordert ist achtsames Hinhören und auch das Wahrnehmen der eigenen Verletzbarkeit. Befruchtend und erfrischend finde ich als Rezensent die theologische Wechselrede zwischen den sechs Systematischen TheologInnen und der Autorin sowie ihre Abduktion einer Theologie der Zärtlichkeit.

Linz *Karl Mair-Kastner*

PHILOSOPHIE

◆ Calin, Rodolphe / Dangel, Tobias / Vinco, Roberto (Hg.): Die Tradition der negativen Theologie in der deutschen und französischen Philosophie (Heidelberger Forschungen 41). Universitätsverlag Winter, Heidelberg 2018. (436) Geb. Euro 66,00 (D) / Euro 67,90 (A) / CHF 67,28. ISBN 978-3-8253-6496-0.

Für Sartre war die Sache klar: Eine Tradition der negativen Theologie ist, wenn es sie gibt, nichts anderes als die Fortschreibung des Atheismus mit theologischen Mitteln und nur der längst aussichtslos gewordene Verzweiflungsversuch, jene durchtriebene Dialektik zur Anwendung zu bringen, derer eine trickreiche Theologie von Taschenspielern sich befleißigt, um gerade aus der größten Gefahr das Rettende wachsen zu lassen und noch die vernichtende Niederlage des negierten Gottes in ein triumphales Argument *ad maiorem Dei gloriam* zu wandeln: „diese negative Theologie, die uns noch heute vergiftet, gründet Gottes Sein und Wesen auf seine Abwesenheit von aller Realität" (vgl. 227 f.). Mag, ja muss man in Sartres Diagnose eines solchen *Sophismus des Nein* auch eine unzulässige Verkürzung der *via negativa* apophatischer Theologie erblicken, so wird die sachliche Problematik vielleicht noch verschärft, wenn ein katholischer Denker wie Claude Bruaire zu einer ähnlichen oder zumindest ähnlich pointierten Einschätzung zu gelangen scheint: „Die negative Theologie ist die Negation jeglicher Theologie. Ihre Wahrheit ist der Atheismus" (vgl. 30; 398).

Wie auch immer dergleichen Zuspitzungen näherhin zu differenzieren und zu nuancieren sein mögen – dass jedenfalls jene Traditionslinie einer negativen Metaphysik des aller positiven Prädikabilität entrückten Absoluten sich vom (spät-)antiken (Neu-)Platonismus bis mitten hinein ins gegenwärtige Philosophieren aus- und nachvollziehen lässt, beweist eindrücklich der vorliegende Band, der die gesammelten Beiträge einer 2014 in Montpellier abgehaltenen Tagung dokumentiert und in den Kontexten der deutschen und französischen Gegenwartsphilosophie die anhaltende Wirkmächtigkeit negativ-theologischen Denkens exemplarisch zu verdeutlichen versteht. In annähernd zwanzig Studien, von denen gut die Hälfte in deutscher, knapp die Hälfte in französischer Sprache abgefasst sind, werden so unterschiedliche Autoren analysiert wie Simone Weil, Emmanuel Levinas, Theodor W. Adorno, Walter Benjamin, Erich Przywara, Martin Heidegger, Karl Jaspers, Jean-Paul Sartre, Jacques Lacan, Jacques Derrida, Jean-Luc Marion, Michael Theunissen, Giorgio Agamben und Georges Didi-Huberman. Die einzelnen Untersuchungen finden sich parataktisch und unter Verzicht auf eine sie gruppierende Gliederung aneinandergereiht und auch ein erschließendes Register lässt der inhalts- und umfangreiche Band vermissen. Dass (nur) einem Artikel ein Abstract vorangestellt ist, während alle anderen Aufsätze darauf verzichten, zeugt zudem von einer Heterogenität der äußeren Darstellung, die sich hätte vermeiden lassen. Auch eine gewisse Zahl von Satz-, Tipp- und Trennfehlern erweckt den Eindruck, dass die Endredaktion nicht mit letzter Sorgfalt vorgenommen wurde. Dem reichen Inhalt tut dies freilich keinen Abbruch.

Unter den durchwegs instruktiven Beiträgen, die hier nicht *en détail* wiedergegeben werden können, ragt in systematischer Perspektive der die Reihe der Referate zu Recht eröffnende Text von Jens Halfwassen heraus, der unter dem Titel „Gott im Denken" die Fundamental-Frage aufwirft und beantwortet „Warum die Philosophie auf die Frage nach Gott nicht verzichten kann". Im Blick auf den geschichtlichen Anfang allen abendländischen Philosophierens zeigt Halfwassen zunächst, dass und inwiefern „die Philosophie ihr Wesen aufgeben würde, wenn sie die Frage nach Gott nicht mehr stellte" (11). Halfwassen versteht Philosophie mit Aristoteles als metaphysische Prinzipientheorie, die auf das *Ganze* geht, indem sie nach dessen letzten *Grund* und ersten Ursprung fragt, der seit Anaximander auch als das *Göttliche* apostrophiert und seit Xenophanes im Sinne eines „genuin philosophische[n] Monotheismus" (13) als *einzig* gedacht zu werden pflegt: „Sofern und solange Philosophie Ausgriff auf das Ganze des Seienden ist und nach dem letzten Grund und Ursprung des Ganzen fragt, ist sie auf den Gedanken des Einen Gottes verpflichtet" (ebd.). Ausgehend von dieser basalen Bestimmung der Philosophie als einer offenbarungsunabhängigen Theologie entwirft Halfwassen eine historisch informierte Typologie von „*drei Grundformen*" (14), wie die Relation des Ganzen zu seinem göttlichen Grund näherhin zu denken sei. Dabei lässt sich unterscheiden: a) eine affirmative philosophische Theologie, die den Gottesgedanken gemäß dem traditionellen Theismus denkt als *summum ens*: ein einzelnes, meist als Geist konzipiertes Seiendes wird quasi als *primum inter paria* zu einem höchsten „*Etwas* innerhalb des Ganzen" (15) erhoben; b) eine in Hegel'scher Diktion „spekulative" Metaphysik der trinitarisch in sich selbst unterschiedenen All-Einheit, die über den Theismus der Tradition insofern hinausgeht, als der vom Ganzen nicht geschiedene, sondern vielmehr in und als das Ganze sich artikulierende Ursprung in seiner holistischen Horizonthaftigkeit mehr als die Summe alles Einzelnen und qua absoluter Geist zwar absolute Subjektivität, aber keine Person mehr ist; c) eine negative philosophische Theologie, die den Ursprung des Ganzen als dessen Verneinung denkt, welche Negation jedoch anders als die bloße Privation und vielmehr im Sinne der neoplatonischen Henologie den „*übergegensätzliche[n]* Einheitsgrund" (18) in seiner transkategorialen Jenseitigkeit und absoluten Transzendenz noch über das Sein selbst hinausgehen und Gott damit gegen jede klassische Onto-Theologie zu einem überseienden Nicht-Etwas werden lässt. Wenn der erste und eine Grund und Ursprung des Ganzen sich solchermaßen entweder denken lässt in Form einer „*affirmative[n]* Theologie des vollkommensten Seienden" (19) als ein Höchstes im Ganzen, oder in Gestalt einer „*spekulative[n]* Theologie der All-Einheit" (ebd.) als das binnendifferenzierte Ganze selbst, oder aber auch unter den Vorzeichen einer „*negative[n]* Theologie des überseienden Absoluten" (ebd.) als ein paradoxes Jenseits des Ganzen, so optiert Halfwassen für eine konsequente, bei Eriugena und Cusanus paradigmatisch ausgeprägte Kombination der beiden letzteren Metaphysik-Modelle, da sich einerseits einzig im Denken der All-Einheit „der Ausgriff auf das Ganze erfüllt" (21) und andererseits aber erst „die negative Theologie des überseienden Einen" (20) als „ultimative Erfüllung des Ursprungsgedankens" (21) gelten könne.

Auch vor diesem Hintergrund von Halfwassens Überlegungen ist mit Jean-Luc Marion – dem im vorliegenden Band Claudia Serban einen Essay von brillanter Luzidität widmet – noch daran zu erinnern, dass die lebendige Tradition der negativen Theologie also gerade nicht auf eine Negation hinauszulaufen hat, die mit einer ultimativen Verneinung sozusagen das letzte (Sterbens-)Wort über Gott zu behalten beliebte. Eine Apophatik, die nicht mehr wäre als das bloß spiegelbildlich verkehrte Gegenstück einer affirmativen Theologie, bliebe nach Marion wie diese in einer onto-theologischen Idolatrie befangen (so dass in diesem präzisen und wohlverstandenen Sinne wenn nicht Sartres, so doch Bruaires Gleichsetzung von negativer Theologie und Negation der Theologie in ihr relatives Recht zu setzen ist). Negativ bleibt gerade die konsequent und radikal negative Theologie dann und darum nicht, wenn und weil ihre *via negativa* in eine *via eminentiae* übergeht und in einen „Raum der Rühmung" (Rilke) einmündet, wo sie zwar nicht mehr begrifflich zu sprechen oder τι κατά τινος auszusagen vermag, angesichts des Unausprechlichen, aber Ansprechbaren jedoch auch nicht in einer schlechten Sigetik verstummt, sondern zu jenem diskurslosen Diskurs von Doxologie und post-prädikativer Preisung findet, dessen hymnische Hyperbolik allein die Nichtidentität und Uneinholbarkeit des Transzendenten zu wahren vermag und dieser gar nicht auszumessenden Distanz (un-)angemessen ist. Worüber man nicht sprechen kann, darüber ist nicht nur zu schweigen. Die negative Theologie „zielt [nämlich] nicht darauf ab, jegliche Rede von Gott zugunsten einer zweifelhaften Apophase zurückzuweisen" (398), und „zielt […] [auch] nicht darauf ab, am Ende einfach wiederherzustellen, was sie zuvor negiert hat, sondern vielmehr darauf, über die *via eminentiae* von der Prädikation (sei sie affirmativ und/oder negativ) zu einer dezidiert nicht-prädikativen Rede zu gelangen, nämlich dem Lobgebet" (406).

Es ist nur konsequent, wenn Marion die hyperpositive negative Theologie, welche die *via negativa* zu Ende gegangen ist und mit der Apophansis auch die Apophasis hinter sich gelassen hat, schließlich beim Namen nennt und so anspricht, wie sie ihr lebendigstes Leben beweist – als *mystische Theologie* des je größeren Gottes, der alles Begreifen blendet und allein durch Seine Abwesenheit glänzt (vgl. 415). (Vgl. weiterführend Jean-Luc Marion, Mystik – oder: Was die Theologie sehen lassen kann, in: Michael Hofer / Rudolf Langthaler (Hg.), Das Heilige. Eine grundlegende Kategorie der Religionsphilosophie (Wiener Jahrbuch für Philosophie XLIX/2017), Wien 2018, 73–94.
Linz   *Christian Rößner*

RELIGIONSDIALOG

♦ **Hilberath, Bernd Jochen / Abdallah, Mahmoud (Hg.): Theologie des Zusammenlebens. Christen und Muslime beginnen einen Weg** (Theologie des Zusammenlebens – Christliche und muslimische Beiträge 1). Matthias Grünewald Verlag, Ostfildern 2017. (290) Kart. Euro 26,00 (D) / Euro 26,80 (A) / CHF 26,51. ISBN 978-3-7867-4010-0.

Die Universität Tübingen ist für eine Fachtagung zum Thema des Zusammenlebens von Christen und Muslimen in hohem Maße prädestiniert, verfügt sie doch über zwei theologische Fakultäten (katholisch und evangelisch), ein Zentrum für Islamische Theologie und eine Kooperation mit der Hochschule für jüdische Studien in Heidelberg. Die jüdische Perspektive war bei der genannten Fachtagung ausgeklammert. Publiziert werden 14 Beiträge höchst unterschiedlichen Gewichts und unterschiedlicher Qualität. So steht einem brillant argumentierenden Beitrag, der Recht und Wahrheitstheorie reflektiert (Schreiner, 17–50) einem theologisch kaum affinen Plädoyer, mit den heiligen Texten besser gleich die Religionen ganz abzuschaffen (Keir, 87–105), gegenüber. Sehr bedenkenswert ist der Vorschlag, christliche und jüdische Bibelwissenschaft auch mit der Einbeziehung des Koran in der Weise einer „relecture der Bibel" (32) zu betrauen und ebenso vice versa die Islamwissenschaft im Sinn einer neuen Lektüre des Koran. Ärgerlich erscheint das Loblied von Fatih Sahan (197–211) über die Arbeit und Organisation der DITIB (Türkisch Islamische Union der Anstalt für Religion e.V.). Spätestens im Blick auf die Umstände der Eröffnung der Moschee in Köln müssen doch sehr kritische Fragen gestellt werden. Hier hätte man sich statt eines Propagandatextes präzise Informationen über die Konfliktfelder gewünscht. Kleine Tippfehler und Ungenauigkeiten (so sollten bei der Vorstellung der Autorinnen und Autoren, 289–290, die Namen korrekt geschrieben werden!) fallen insgesamt nicht ins Gewicht. Symptomatisch ist das Zitat des Politikers Helmut Schmitt, der von sich sagt: „In vielen Teilen bezieht sich das Neue Testament auf die Tora, und der Koran bezieht sich in vielen Teilen auf die Tora und das Neue Testament. Ich muss zugeben, dass ich in der Schule oder in der Kirche nie etwas über diese unbestreitbaren Tatsachen erfahren habe." Den Konflikt zwischen den abrahamitischen Religionen bezeichnet Schmitt als „eine der großen Tragödien der Menschheit" (56). Dieser Unkenntnis und gegenseitigen Verketzerung entgegenzuwirken ist Gebot der Stunde. So kann man über das Engagement der Herausgeber nur dankbar sein und dem Schlusswort zustimmen: „In dem Projekt einer Theologie des Zusammenlebens steht uns viel Arbeit bevor; dafür werden wir in Dialog und Kooperation vielfach bereichert." (265) Insgesamt eine hochinteressante und aktuelle Lektüre!
Bamberg/Linz   *Hanjo Sauer*

Eingesandte Schriften

An dieser Stelle werden sämtliche an die Redaktion zur Anzeige und Besprechung eingesandten Schriftwerke verzeichnet. Diese Anzeige bedeutet noch keine Stellungnahme der Redaktion zum Inhalt dieser Schriften. Eine Rücksendung der Bücher erfolgt in keinem Fall.

AKTUELLE FRAGEN

Hauke, Manfred / Hoping, Helmut (Hg.): Der Diakonat. Geschichte und Theologie. Verlag Friedrich Pustet, Regensburg 2019. (416) Kart. Euro 39,95 (D) / Euro 41,10 (A) / CHF 40,73. ISBN 978-3-7917-3100-1.

BIBELWISSENSCHAFT

Dohmen, Christoph / Hieke, Thomas: Das Buch der Bücher. Die Bibel – Eine Einführung. Verlag Friedrich Pustet, Regensburg 2019. (216) Kart. Euro 16,95 (D) / Euro 17,50 (A) / CHF 17,28. ISBN 978-3-7917-3114-8.

DOGMATIK

Raberger, Walter: Eine kritische Dogmatik. Ausgewählte Traktate in Vorlesungsform. Wagner Verlag, Linz 2019. (633) Kart. Euro 32,00 (D, A) / CHF 32,62. ISBN 978-3-903040-45-8.

ETHIK

Fuchs, Michael / Gottschlich, Max (Hg.): Ansätze der Bioethik. Karl Alber Verlag, Freiburg i. Br. 2019. (336) Geb. Euro 39,00 (D) / Euro 40,10 (A) / CHF 51,50. ISBN 978-3-495-48883-6.

Rink, Sigurd: Können Kriege gerecht sein? Glaube, Zweifel, Gewissen – Wie ich als Militärbischof nach Antworten suche. Ullstein Verlag, Berlin 22019. (288) Geb. Euro 20,00 (D) / Euro 20,60 (A) / CHF 22,90. ISBN 978-3-550-20004-5.

KIRCHENGESCHICHTE

Neuner, Peter: Der lange Schatten des I. Vatikanums. Wie das Konzil die Kirche noch heute blockiert. Herder Verlag, Freiburg i. Br.–Basel–Wien 2019. (239) Geb. Euro 28,00 (D) / Euro 28,80 (A) / CHF 38,90. ISBN 978-3-451-38440-0.

Rexroth, Frank: Fröhliche Scholastik. Die Wissenschaftsrevolution des Mittelalters (Historische Bibliothek der Gerda Henkel Stiftung. C. H. Beck Verlag, München 22019. (505, 8 farb. Abb., 6 Karten, Schutzumschlag, Lesebändchen) Geb. Euro 29,95 (D) / Euro 30,80 (A) / CHF 30,53. ISBN 978-3-406-72521-0.

LITURGIEWISSENSCHAFT

Benz, Brigitte / Kranemann, Benedikt (Hg.): Deutschland trauert. Trauerfeiern nach Großkatastrophen als gesellschaftliche Herausforderung (Erfurter Theologische Schriften 51). Echter Verlag, Würzburg 2019. (187) Klappbroschur. Euro 16,00 (D) / Euro 16,50 (A) / CHF 16,31. ISBN 978-3-429-05362-8.

Kluger, Florian: Liturgische Bildung in der Neuzeit. Taufe, Firmung und Eucharistie bei P. Nikolaus Cusanus SJ, Bischof Joseph A. Gall und Pastor Konrad Jakobs (Studien zur Pastoralliturgie 43). Verlag Friedrich Pustet, Regensburg 2019. (371) Kart. Euro 52,00 (D) / Euro 53,50 (A) / CHF 53,01. ISBN 978-3-7917-3104-9.

MORALTHEOLOGIE

Höllinger, Stephanie: Ansprüche an Ehe und Partnerschaft. Ein theologischer Beitrag zu einer beziehungsethischen Herausforderung (Studien der Moraltheologie. Neue Folge 11). Aschendorff Verlag, Münster 2019. (405) kart. Euro 56,00 (D) / Euro 57,60 (A) / CHF 57,09. ISBN 978-3-402-11943-3.

Rosenberger, Michael: Frei zu vergeben. Moraltheologische Überlegungen zu Schuld und Versöhnung. Aschendorff Verlag, Münster 2019. (236) Geb. Euro 29,80 (D) / Euro 30,70 (A) / CHF 30,38. ISBN 978-3-402-24613-9.

PHILOSOPHIE

Biber, Susanne / Neumann, Veit (Hg.): Christlicher Humanismus. Festschrift für Sigmund Bonk. Verlag Friedrich Pustet, Regensburg 2019. (296, 19 farb. Abb.) Geb. Euro 34,95 (D) /

Euro 36,00 (A) / CHF 35,63. ISBN 978-3-7917-3111-7.

Kießig, Sebastian / Kühnlein, Marco (Hg.): Anthropologie und Spiritualität für das 21. Jahrhundert. Festschrift für Erwin Möde (Eichstätter Studien. Neue Folge 80). Verlag Friedrich Pustet, Regensburg 2019. (526) Kart. Euro 49,95 (D) / Euro 51,40 (A) / CHF 50,92. ISBN 978-3-7917-3110-0.

Kühnlein, Michael / Wils, Jean-Pierre (Hg.): Der Westen und die Menschenrechte. Im interdisziplinären Gespräch mit Hans Joas (Texte & Kontexte der Philosophie 4). Nomos Verlag, Baden-Baden 2019. (202) Kart. Euro 29,00 (D) / Euro 29,90 (A) / CHF 29,56. ISBN 978-3-8487-3322-4.

RELIGIONSPÄDAGOGIK

Neuhaus, Gerd: Glückskekse vom lieben Gott? Religionsunterricht zwischen Lebensweltorientierung und Glaubensverantwortung. Verlag Friedrich Pustet, Regensburg 2019. (144) Kart. Euro 19,95 (D) / Euro 20,60 (A) / CHF 20,34. ISBN 978-3-7917-3101-8.

Schambeck, Mirjam / Simojoki, Henrik / Stogiannidis, Athanasios (Hg.): Auf dem Weg zu einer ökumenischen Religionsdidaktik. Grundlegungen im europäischen Kontext. Herder Verlag, Freiburg i. Br.–Basel–Wien 2019. (336) Kart. Euro 38,00 (D) / Euro 39,10 (A) / CHF 49,90. ISBN 978-3-451-38503-2.

RELIGIONSSOZIOLOGIE

Schumacher, Ursula (Hg.): Abbrüche – Aufbrüche – Umbrüche. Gesellschaftlicher Wandel als Herausforderung für Glaube und Kirche (Studia oecumenica Friburgensia 93). Aschendorff Verlag, Münster 2019. (289) Kart. Euro 46,00 (D) / Euro 47,30 (A) / CHF 46,89. ISBN 978-3-402-12040-8.

SPIRITUALITÄT

Gassner, Angelika: Brennen ohne Auszubrennen. Das Dornbusch-Prinzip. Spiritualität und Gesundheit. camino Verlag, Stuttgart 2019. (176) Kart. Euro 16,95 (D) / Euro 17,50 (A) / CHF 17,28. ISBN 978-3-96157-104-8.

Kogler, Franz / Schönleitner, Wolfgang: Kraftstoff. Was Männer stärkt. Tyrolia Verlag, Innsbruck–Wien 2019. (168) Klappbrosch. Euro 14,95 (D, A) / CHF 15,24. ISBN 978-37022-3790-5.

THEOLOGIE

Harrich, Simon: Praktiken der Einheit. Eine Untersuchung von Strategien der Konfliktbearbeitung (Studien zur Praktischen Theologie 3). Aschendorff Verlag, Münster 2019. (264) kart. Euro 41,00 (D) / Euro 42,20 (A) / CHF 41,80. ISBN 978-3-402-15188-4.

Hedwig, Klaus / Riel, Daniela (Hg.): sed ipsa novitas crescat. Themen der Eschatologie, Transformation und Innovation. Festschrift für Manfred Gerwing. Aschendorff Verlag, Münster 2019. (VIII, 423) Geb. Euro 69,00 (D) / Euro 71,00 (A) / CHF 96,60. ISBN 978-3-402-24630-6.

Ruster, Thomas: Balance of Powers. Für eine neue Gestalt des kirchlichen Amtes. Verlag Friedrich Pustet, Regensburg 2019. (231) Kart. Euro 22,00 (D) / Euro 22,70 (A) / CHF 22,43. ISBN 978-3-7917-3099-8.

Welte, Markus: Die christologische Hermeneutik Bernhard Weltes. Christusverkündigung im Horizont des neuzeitlichen Seinsverständnisses (Ratio fidei 69). Verlag Friedrich Pustet, Regensburg 2019. (336) Kart. Euro 39,95 (D) / Euro 41,10 (A) / CHF. ISBN 978-3-7917-3106-3.

Bezug der Zeitschrift

In der Bundesrepublik Deutschland	Verlag Friedrich Pustet, Gutenbergstraße 8, D 93051 Regensburg, Tel. +49 (0) 941/92022-0, Fax +49 (0) 941/92022-330, E-Mail: verlag@pustet.de oder über den Buchhandel
Einzahlung	Postgiro Nürnberg: IBAN: DE35 7601 0085 0006 9698 50 BIC: PBNKDEFF
	Sparkasse Regensburg: IBAN: DE37 7505 0000 0000 0002 08 BIC: BYLADEM1RBG
In Österreich	Theologisch-praktische Quartalschrift Katholische Privat-Universität, Bethlehemstraße 20, A 4020 Linz, Tel. +43 (0) 732/784293-4142, Fax -4155, E-Mail: thpq@ku-linz.at oder
	Verlag Friedrich Pustet, Gutenbergstraße 8, D 93051 Regensburg (s. o.), oder über den Buchhandel
Einzahlung	Sparkasse Oberösterreich: IBAN: AT06 2032 0186 0000 1211 BIC: ASPKAT2L
Im Ausland	Verlag Friedrich Pustet, Gutenbergstraße 8, D 93051 Regensburg (s. o.), oder über den Buchhandel
	In der Schweiz über den Buchhandel oder bei AVA Verlagsauslieferung AG, Centralweg 16, CH 8910 Affoltern a. Albis (verlagsservice@ava.ch)

Bezugspreise ab Jahrgang 2020

	Jahresabonnement (Print)	Einzelheft (Print)
Bundesrepublik Deutschland, Österreich und Ausland	Euro 38,00	Euro 11,00
Schweiz	CHF 58,50	CHF 18,50
	(digital – ePub / PDF)	(digital – ePub / PDF)
	Euro 34,00	Euro 9,99

Versandkosten werden zusätzlich verrechnet.
Studenten erhalten gegen Studiennachweis Ermäßigung. Der Eintritt in ein Abonnement ist mit jedem Heft möglich. Das Abonnement verlängert sich jeweils um ein weiteres Jahr, wenn bis sechs Wochen vor Ende des Bezugszeitraums keine schriftliche Abbestellung erfolgt.

Theologisch-praktische Quartalschrift
ISSN 0040-5663
ISBN 978-3-7917-3160-5

Medieninhaber (Verleger): Friedrich Pustet GmbH & Co. KG, Gutenbergstraße 8, D 93051 Regensburg
Redaktion: Bethlehemstraße 20, A 4020 Linz, Tel. +43 (0) 732/784293-4142, Fax -4155
E-Mail: thpq@ku-linz.at   Internet: http://www.thpq.at
Herausgeber: Die Professoren und Professorinnen der Fakultät für Theologie der Katholischen Privat-Universität Linz, Bethlehemstraße 20, A 4020 Linz
Satzerstellung: Mag. Bernhard Kagerer und Roswitha Leitner, Ritzing 3, A 4845 Rutzenmoos
Druck und Bindung: Friedrich Pustet GmbH & Co. KG, Gutenbergstraße 8, D 93051 Regensburg
Anzeigenverwaltung: Verlag Friedrich Pustet, Gutenbergstraße 8, D 93051 Regensburg

---

Offenlegung gemäß § 25 des österreichischen Mediengesetzes

Medieninhaber: Friedrich Pustet GmbH & Co. KG
Unternehmensgegenstand: Buch- und Zeitschriftenverlag, Druckerei, Buchhandel
Sitz: D 93051 Regensburg

Grundlegende Richtung: Katholisch